新媒体素养

领导干部公开课

傲腾　张力升　编著

人民日报出版社
北　京

图书在版编目（CIP）数据

新媒体素养：领导干部公开课 / 傲腾，张力升编著 .— 北京：人民日报出版社，2022.1

ISBN 978-7-5115-7234-9

Ⅰ.①新… Ⅱ.①傲… ②张… Ⅲ.①传播媒介—运营管理—干部教育—学习参考资料 Ⅳ.① G206.2

中国版本图书馆 CIP 数据核字（2022）第 003992 号

书　　名：新媒体素养：领导干部公开课
XINMEITI SUYANG LINGDAO GANBU GONGKAIKE
编　　著：傲　腾　张力升

出 版 人：刘华新
责任编辑：林　薇
封面设计：观止堂 _ 未氓

出版发行：人民日报出版社
社　　址：北京金台西路 2 号
邮政编码：100733
发行热线：(010) 65369509　65369527　65369846　65369512
邮购热线：(010) 65369530　65363527
编辑热线：(010) 65369526
网　　址：www.peopledailypress.com
经　　销：新华书店
印　　刷：涞水建良印刷有限公司
法律顾问：北京科宇律师事务所　010-83622312

开　　本：710mm×1000mm　1/16
字　　数：240 千字
印　　张：17
版次印次：2022 年 3 月第 1 版　　2022 年 3 月第 1 次印刷

书　　号：ISBN 978-7-5115-7234-9
定　　价：58.00 元

新时代　新技术　新媒体

牛一兵

我与傲腾同志相识三十余年，早年他任人民日报驻津记者，我被派驻天津新报当社长，我们可谓互相羡慕。我羡慕他专注新闻报道，纵横驰骋，无拘无束。他羡慕我生逢新时代、新技术、新媒体，可成就大事、新事。我尚未成就大事，他倒把系统论述新媒体的专著发表出来了，在此我表示由衷的祝贺。

在我国社会主义建设的伟大征程中，媒体从来不曾缺位，在无数个历史转折关头都发挥了舆论引领、信息集成的重要作用。说媒体的建设和发展事关旗帜和道路、事关党和国家的各项事业、事关党和国家的前途命运，一点都不为过。

媒体是有生命的，它能够自我成长、发展、兴盛，充满着无限的生机和活力。也许有的媒体已经消失在时间的洪流中，有的在时代变迁中不知所措，有的正在中流击水，但是媒体的生命总会以另外一种新的形态展现出来，发挥着现实的价值和作用。

可以想象，在两军对垒之际，装备大刀长矛的旧式武装必然无法抵挡装备飞机大炮的现代化军队。媒体行业也一样，在这日新月异的时代，各级媒体都必须跟上时代发展的步伐，紧贴技术进步的脉搏，才能更好地关注现实，为我们共同参与的伟大事业服务。

时代和技术的浪潮汹涌而来，“新媒体”的概念诞生时日并不长，但已经对我们的生活产生了巨大影响。可以想象，如果从新媒体时代成长起来的人手中拿开手机，让他们离群索居哪怕待上一两天，他们都会惶惶不可终日。现代媒体提供给受众更丰富的信息，不仅是“5W”，而是让受众互动起来。媒体人既是时代的追随者，也是时代浪潮的引导者。在新旧交替的时代，媒体不仅在装备上而且在内容上都将发生嬗变，其内在发展规律仍有待我们全面认识和了解。

在社会转型期、天灾疫情等重大事件面前，如何因势利导有效运用新媒体为社会服务，如何正确认识新媒体发展过程中的各种波折，如何学会和新媒体打交道、管好用好服务好，相信依然是摆在广大干部和各级党政机构面前的一大挑战。无论如何，新媒体在我国的发展依然有着很多的可能性，未来依然充满梦想，各行各业、社会各界都将从新媒体的发展中受益，我们需要保持对它的想象力和信心。

我与傲腾同志相识以来，对他多年来在媒体一线的辛勤耕耘和付出非常熟悉。此次他将多年来的工作体会和对新媒体发展研究的心得付诸出版，是一件极有意义的事。在祝贺之余，我也衷心希望我国的新媒体事业日新月异，不断为社会的进步和人民幸福做出有益的贡献，更希望有更多的人来了解新媒体，用它造福我们的各项事业。旭日东升，一切都将是新的。

2021 年 7 月

（作者系中央网络和信息化安全委员会办公室副主任）

前言

2020年年初，新冠肺炎疫情突然降临，在给全球政治、经济、社会生活、国际关系带来深刻变化的同时，也让新媒体这一新生事物再度紧紧抓住人们的眼球。通过它，世界各地的人们报警传讯、寻求帮助、安抚人心、慰藉伤痛。危机面前，各行各业都发现，自己的有效运转已经离不开新媒体。

新媒体的诞生及广泛应用是信息传播革命的产物，把人类社会和媒体运作实践推向新的阶段，真正做到了“无边界传播”。新媒体给我们带来的不仅仅是信息传播技术的进步、公众信息获得方式的变化，更有受众心理及行为方式的深刻变革。

同时，新媒体也是一把双刃剑，一张图、一段视频在互联网上几小时就能形成爆发式传播，对舆论造成很大影响。这种影响用好了造福国家和人民，用不好就可能带来难以预见的危害。在新媒体浪潮下，媒体话语权、社会影响力分布、舆论走势发生了新变化，不仅给广大媒体从业者和社会各界带来新挑战，也给意识形态和舆论引导等工作带来诸多难以预测的新问题。

现实在反复昭示我们，必须有效认识新媒体的内在及发展规律，扬其长避其短，使之成为促进国泰民安、社会和谐的有效工具，这将是我国国家和社会治理的一项长期任务。

在党和国家高度重视的大背景下，有理由相信，我国的新媒体建设与管理实践必将更上一层楼，必将成为社会稳定的重要基石。深入全面了解新媒体，探索新媒体如何建设、运营、管理、融合，将是政府、企业、社会组织、媒体和个人都绕不过去的重要课题。为此，我们只有通过扎实的理论学习和实践检验，在实践中充分认识和适应新媒体，才可以做到得心应手。

作为曾在报社采编一线工作多年、横跨传统媒体与新媒体的媒体人，编者不揣冒昧，将自己多年来对这一课题的关注和心得加以描述，愿以此为我国的新媒体事业发展添砖加瓦，贡献微薄之力。

本书在编写过程中，参考并吸收了当前有关领域的理论研究成果，特别关注了大量现实媒体运作实践做法及案例，在此谨向各位领导、专家、学者及媒体一线工作者表示衷心感谢，特别感谢牛一兵同志百忙之中为本书所作的序言。由于编者自身水平所限，书中不当之处在所难免，敬请读者批评指正。

作者

2021 年 6 月

目 录

第八章　新媒体与地方发展

第九章　新媒体的运营

第十章　新媒体的内容建设

第十一章　新媒体市场开发

第一章

新媒体的前世今生

“新媒体”是什么

何谓新媒体？新和旧本是相对的概念，比如20世纪20年代出现的无线电广播、40年代出现的电视媒介，相对于当时的报纸杂志等就可以称之为“新媒体”。

1967年，美国哥伦比亚广播电视网（CBS）技术研究所所长戈尔德马克（P. Goldmark）以“新媒体”（New Media）来指一种电子录像产品。此后，新媒体的概念就随着技术的进步不断演进，研究大众传播的专家学者从不同角度对“新媒体”概念下了不同的定义。

到了20世纪90年代，随着互联网的普及，以互联网为依托的新媒体产业迅猛发展，这一时期，人们普遍认为新媒体就是网络媒体，国内外越来越多的传播与媒体人员开始关注和研究网络媒体。1995年，联合国教科文组织首次将互联网称为三大传统媒体之外的“第四媒体”。

2009年，美国媒介理论家保罗·莱文森（Paul Levinson）在《新新媒介》一书中将在互联网诞生以前存在的媒体称为旧媒体，在互联网以后诞生的媒体称为新媒体，即新媒体是基于互联网技术生成的各种媒介形态。这是目前受到较为广泛认可的对新媒体的定义和区分。

2016年，清华大学教授彭兰认为，“新媒体”主要指基于数字技术、网络技术及其他现代信息技术或通信技术的，具有互动性、融合性的媒介形态和平台。在现阶段，新媒体主要包括网络媒体、手机媒体及其两者融合形成的移动互联网，以及其他具有互动性的数字媒体形式。同时，“新媒体”也常常指主要基于上述媒介从事新闻与其他信息服务的机构。

综合东西方学者的研究可以看出，新媒体的“新”主要包含两个层次的含义：第一，新的技术和新的媒介形式；第二，新的交流沟通方式。前者主要是指新媒体依赖于互联网技术和现代信息技术，对传统印刷技术和电子传播技术进行革新。后者是指新媒体的沟通方式与报纸和电视等传统媒体迥异，有着互动性等诸多新特征。

我们可以从三个角度理解“新媒体”：信息新，技术新，社会作用新。

信息新：获取信息更方便，及时获得最新信息。互联网逐渐取代纸媒、广播、电视等手段，成为人们随时随地获取信息的来源，做到了“一朝发生，瞬间扩散全球”。

技术新：技术进步使得信息传播更广泛，应用更普遍，受众获取成本更低廉。技术进步使信息能够更好地跨越时空限制而得以保存、搜索和传播，使人们可以自由地在海量信息中畅游。

社会作用新：新媒体引发社会革新，受众的阅读方式、思维习惯、生活方式、日常观念等都会产生变化。公众通过新媒体参与信息的选择和报道的编写，与媒体从业人员共同决定需要让受众看什么、从什么角度看。

小贴士 新媒体打破了传统媒体的信息垄断地位，使得社会话语权分散，媒体受众的自主地位提升。

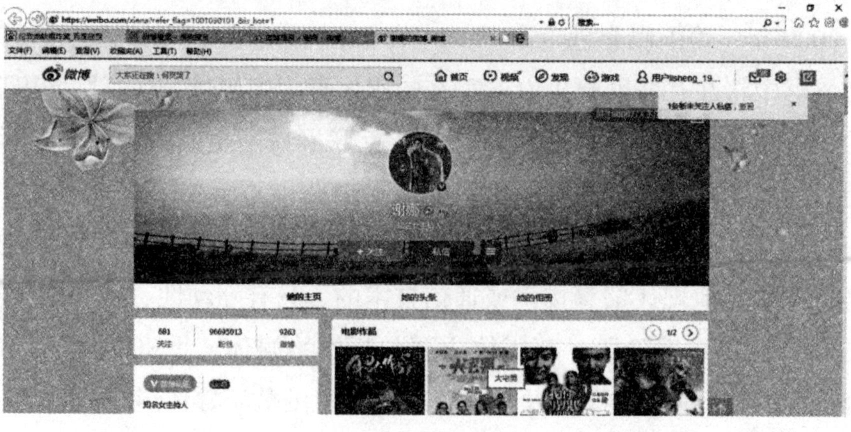

2018 年 4 月，湖南卫视主持人谢娜成为第一位微博粉丝数量过亿的明星。

新媒体的种类比较复杂，因理解角度而异，由划分逻辑而别。2010 年，中国社科院发布的首部新媒体蓝皮书《中国新媒体发展报告》将新闻网站、网站论坛、博客、社交网站、即时通信等列为新媒体，一年之后又增加了微博及互联网两种新媒体形态。近年来，随着数字化技术的发展，新的成员不断涌现，加入新媒体的队伍之中。

从媒体形态上来说，新媒体的种类有数字杂志、数字报纸、数字广播、手机短信、移动电视、网络播客、网络博客、即时通信、移动应用程序（APP）、社交媒体、视频媒体、自媒体等。从传播手段来说，有宽带、移动互联网、物联网等。

比如，与普通人日常关联较为紧密的微博、微信、QQ等新媒体形式，从不同角度而言有着不同的命名，分别是“网络媒体”（传播介质角度）、“数字媒体”（传播技术角度）、“个人媒体”（自媒体角度）、“社交媒体”（社会化角度）及“移动媒体”（接收行为角度）。它们既是网络媒体，依托于互联网，也是数字媒体，以数字技术为基础；既是自媒体（个人媒体），是向外部开放的个人空间，有别于门户网站，也是社交媒体，是人们日常社交的重要平台。

在对新媒体进行界定时，我们必须区分作为基于互联网的媒介平台的新媒体，以及作为具体产品形态的新媒体。微博、微信等各种新媒体的产品形态并不是传统意义上的媒介形式，不能完全等同于新媒体。

以电视做类比，微博、微信等产品形态好比电视频道和栏目，而基于互联网技术的新媒体平台类似于电视台。电视栏目可以新老交替，但基础依然是作为播出平台的电视台。

如今，在媒体融合的时代，平面纸媒、网站、微信、移动客户端的产品矩阵已成为传统媒体的“标配”，而随着直播、短视频、音频等传播形态的发展，传统媒体和自媒体纷纷运用声音、视频、动画等多种表达方式呈现信息内容，带给读者立体化的外部世界信息。

随着技术进步，新媒体的类型和手段还会层出不穷，其概念和内涵将会进一步充实和改变。比如，数字电视、智能手表、智能冰箱等有可能通过互动平台、智能应用等服务功能成为新的新媒体平台。

案例

新冠肺炎疫情期间的新媒体

在新冠肺炎疫情期间，新媒体已经成为中国人不可或缺的实用随身工具。不少人每天早上醒来第一件事就是打开手机浏览疫情信息、查看疫情数据，观看抗击疫情、共克时艰的直播画面，以掌握疫情的最新情况。

在人民日报、新华社、央视等主流媒体主要发挥正面报道、舆论监督等社会功能之余，各新媒体平台充分发挥了自身的多元功能：微博、微信等平台开设疫情专栏，聚合相关新闻和资讯，方便用户报料求助、检索查询，对各类谣言进行核实与辟谣；政府部门通过新媒体平台提供政务服务，向公众征集问题线索及意见建议；百度、阿里巴巴等针对用户大数据进行智能分析，协助政府科学决策，指导公众做好防护；垂直类专业机构媒体“丁香园”等依靠新媒体平台普及医学知识、实时发布专业信息；等等。

与此同时，各基层政府和融媒体中心广泛利用大数据、云服务等技术，为公众提供实时抗疫信息服务，既包括疫情通报、实时动态、辟谣专栏等信息，政务平台线上服务指南，也包括确诊患者同程航班车次查询、防护用品生产企业查询、定点发热门诊导航等便民服务内容，实现了媒体、政务、服务三方面功能的融合，减少了人员流动和聚集。通过支付宝或微信获取健康码，是很多人出门的前提条件，如同购买通勤车票。

防疫期间，闭门不出的人们在网购生活必需品之余，更倾向于通过新媒体平台进行娱乐。数字音频的伴随性和收听性在满足司机、儿童、中老年等特定人群需求上具有优势，在线音频平台上的数字音乐、相声、诗文朗诵等内容受到人们的热捧。

已经流行的短视频和直播行业更加火爆，为做好报道、销售产品、获得知名度，传统媒体、地方政府、各界知名人士纷纷进入直播领域，积极探索新媒体融合发展的新业态、新模式。作为一种视听兼备的媒介形态，直播技术使媒体内容更丰富多样，让观众实现了从“听新闻、看新闻”到“体验新闻”的转变。

新媒体的魅力

在今天，新媒体借助现代信息技术工具和平台迅速普及，改变了我们的生活，人人都能成为信息的制造者、编辑者和传播者，原本由传统媒体所控制的信息流动已完全向普通群众开放。比如，凭借一部智能手机，普通人可以接收来自全世界的图像、视频和文字信息，也可以反向传递，而无须借助于报纸、广播或电视。

相对于专门地、一本正经地坐在电视机和书桌前收看或阅读，人们喜欢选择一种更放松的姿态，利用闲暇时间随时获取需要的信息，阅读习惯日益碎片化、即时化，而移动终端无疑是满足此类需求的最佳选择。

小贴士　以移动客户端为依托的新媒体传播渠道给予用户更好的体验，成为更多人尤其是年青一代的选择。

以手机平台为典型代表，新媒体具有以下传播特点：

一、传播方式的及时性

相对于传统的传播方式，借助数字技术与互联网技术，新媒体的信息传播方式更加迅速，人们可以在新闻现场实时捕捉、发送、接收信息。无论是在现场还是相隔万里的任何角落，大众都可以及时找到自己需要的内容，观看、评论、转发。

2005 年 7 月 7 日，英国伦敦发生系列地铁连环爆炸案，充分体现了新媒体的多媒体整合态势。市民威廉·达顿在爆炸现场用手机拍摄图片，在朋友的博客上以近乎直播的方式报道了灾难现场状况。这些照片很快进入各大电视网的新闻头条，《纽约时报》《华盛顿邮报》等多家西方主流媒体头版纷纷采用了这些虽然画面质量不佳，但极具冲击性的图片。在这次事件中，博客、播客等新媒体产品与手机、互联网等载体密切配合，首次在新闻传播中显示出了巨大威力。

2011 年 7 月 23 日“温州动车事故”中，微博用户袁小芫在事发 4 分钟后发表了第一条消息，比国内媒体在互联网上的第一条关于“列车脱轨”的报道早了两个多小时。

2015 年 8 月 12 日，天津港瑞海公司危险品仓库发生特大爆炸事故。6 分钟后，第一个事故视频由网友“@ 小宝最爱旻旻”上传至微博账号，该视频随即在微博、微信等社交媒体迅速传播。

越来越多的新闻不再在电视、报纸上发生，甚至常常是在互联网上发酵引起轰动后，再登上传统媒体。有了新闻线索，很多人也往往联系网站报料，可以迅速发布并收到反馈，很快就有无数网友做出回应。这时传统媒体，尤其是纸媒的采编制度和媒介形式就显得落后，当记者写好稿、排好版、审核完毕拿去印刷时，人们已经对这条新闻毫无兴趣了。

但是，必须指出，新媒体的及时传播特性也是一柄“双刃剑”。一条不真实或不准确的消息一旦被接收者采信，很可能在短时间内形成蝴蝶效应，引起大面积的恐慌和骚乱。许多极端组织和个人也有意识地利用这一点来制造社会混乱。

2019 年 3 月 15 日，一名澳大利亚男子袭击了新西兰的两座清真寺，造成多人丧生。事发时，凶手在社交媒体脸书（Facebook）上直播他枪击的画面，以制造更大恐慌。这段视频在网上被点击了数百万次才被撤下，事后 Facebook 遭到社会各界严厉批评。

小贴士 新媒体突破了信息交互传播的时空限制，使得传播的地理范围扩大和延长，真正做到了“同步追踪”“世界在你眼前”。

二、交流方式的互动性

信息的共享互动是新媒体最重要的特点之一。新媒体所依托的互联网技术采用分布式网络结构，用户在信息传播过程中拥有平等的控制权，每个人都只是网络的一个节点，都可以成为媒体的主人，可以自主选择有兴趣的信息进行交流。新媒体机构与受众之间、受众与受众之间形成了一种多元互动的沟通方式，这种高度的互动性是传统媒体无法比拟的。

传统媒体信息传播的方式是单向、线性、不可选择的，在特定的时间内由信息发布者向受众发布信息，受众被动接受信息，缺少信息的反馈。这造成传统媒体往往会单向思维，将自己认为有新闻价值的信息传播给受众，很少考虑受众的需求，没有实现和受众的深入互动。

而新媒体传播方式是双向的，每个受众既是信息的接受者，同时也是信息的传播者，互动性强，传播效果明显。尤其是新媒体能够通过数据算法发现用户的个人喜好和关注焦点，有针对性地进行个性化和定制化内容的生产、推送、互动，贴近受众生活、使受众产生共鸣，分流了传统媒体的大量受众，给传统媒体带来了强劲的冲击。

一般来说，主流媒体的新闻报道注重舆论引导、强调宏大叙事，常常模板化、程序化，不够接地气。而新媒体在文字风格和内容处理上更灵活、亲民，更符合网络符号化、社交化的特点，更受年轻人青睐。

比如，很多生活服务类新媒体鼓励用户参与内容建设。哪家餐馆的菜好吃，哪个理发馆的师傅手艺好，下雨后哪个路段积水深，都请用户来标注和描述，视情形给予奖励。有的时政类新媒体搞有奖竞猜、认脸游戏，能很好地活跃气氛、吸引关注。

小贴士　信息的双向传递这一特性由互联网的技术特性所决定，也是新媒体的魅力所在。

互动式的双向传播使新媒体具有广泛的开放性，这既大大提升了信息传播效率，也在客观上增加了信息控制的难度，从“不足为人道”到“满

城风雨”往往只在瞬间，大众所热衷传播的信息往往也不那么“有档次”。但是，如果失去互动性，新媒体也就失去了活力。

小贴士 新媒体时代的私密信息一经扩散便难以控制，个人事件往往会发展成为公共事件，超越发布者的预想。

三、传播手段的移动化

通过移动互联网技术，人们可以用手机、笔记本电脑、平板电脑等移动终端动态接受信息，如浏览网页、看电视、进行社交活动等。人与人之间信息的传播更快、更方便，以往受制于固定场所的信息接收障碍和人们对空间的感觉体验都发生了改变，也让信息传播越来越依赖于移动电子工具。

四、传播内容的多元化

传统纸质媒体通过平面展示文字、图片信息，而新媒体所传播的信息集文字、图片、声音、视频等元素于一体，带来了视觉表达方式和呈现方式的革新，极大地提高了传播的信息量，提升了信息广度，信息的呈现方式变得越来越多元化。

五、传播行为的个性化

从传统媒体到新媒体，最重要的变化体现在传播行为的个性化。新媒体传播偏重即时与互动，每个人都可以成为媒体的主人，既可以传播信息也可以接收信息，充分满足了受众的心理需求及个性需求，受众群体呈现高度的分众化。

在新媒体环境下，大众的审美不再是单一、绝对的，任何文化形态和艺术创作都有欣赏者。这直接导致各种个性化的网络文化、网络红人、网络现象应运而生，刺激着大众的眼球。每个新媒体用户都可以自由地选择和搜索所需要的信息，从政治话题到普通人的生活瞬间、从明星绯闻到全球热点事件，人人都可以找到自己的喜好参与其中，成为自己欣赏对象的“粉丝”（支持者）。

自 2015 年年末，“网红”一词在互联网不胫而走，关注度迅速飙升。“网红”是网络红人的简称，大致可分为电商网红、视频网红、直播网红、图文网红和事件网红等类型，是网络舆论聚焦的中心。

网红及其粉丝主要集中于 17—35 岁的人群，网红与粉丝往往在经历、年龄和学历程度上存在极大的相似性，拥有相似的价值观、生活方式，彼此之间在很多问题上容易产生情感共鸣。如首代网红 papi 酱的视频具有清晰的价值观，摒弃虚伪、倡导个性自由，而这也正是年青一代所共同追求的东西，在网络上迅速获得广泛共鸣。

新媒体个性化的传播方式一方面可以让信息发布者表达自己的个性观点，传播自己关注的信息，体会影响他人的快感，“我的地盘我做主”；另一方面也有可能引起他人的不适和反感，质疑信息的真实性，进而引发舆论交锋。

小贴士　新媒体资讯平台上总是“吵吵闹闹”，争议不断，这也是新媒体的魅力所在。

六、传播身份的虚拟化

新媒体信息传播的虚拟化既指信息自身的虚拟性，也指传播身份的虚拟性。传统媒体环境里，传播者的身份和信息被接受方所了解，而在新媒体环境之下，信息传播者和接受者的身份都可以虚拟，信息传递交互的双方也是未知的。这种建立在虚拟关系上的人际交往，让人们可以根据自己的喜好对各类信息（文本、图片、声音、影像）进行再创作，也可以构建出一个虚拟化的空间和世界。

与传统的媒体事件不同，如今很多舆论事件是由匿名用户利用新媒体发起和推动的，利用网络用户群体的传播扩散形成强势舆论，进而影响事件进程，甚至将单一事件推进成持续的社会运动。

"假作真时真亦假"，这种虚拟化的消极后果之一是造假成本低廉，一些不法之徒借此发布不实信息，蓄意扰乱社会秩序或达到不法目的。

西方学者 W. Russell Neuman 在 2003 年指出："我们正在经历一场变革，一个声音、视频和电子文本完全融合在一起的网络正在模糊人际传播和大众传播，以及私人沟通和公共沟通的界限。"

小贴士 新媒体的出现正在改变既有的传媒生态。新媒体以传播迅速、信息量丰富、双向互动等特点，向传统媒体的生存空间发起了挑战，对其造成极大的冲击。

案例

美国政治与新媒体

报纸、电视、广播等媒体不仅是群众了解和认识世界的主要途径，也是重要的政治宣传工具，大众传媒因此获得了巨大的社会影响力，也拥有了教育和引导群众的重要力量。美国政治的历史同时也是一部媒体发展变迁的历史。

美国传媒长期以来掌握在传统精英阶层手中，但随着网络的发明和普及，凭借新媒体工具，人人都可以成为信息的制造者、编辑者和传播者，打破了传统媒体所垄断和控制的信息流动。群众的自我觉醒也越来越明显，不再轻易接受精英阶层替他们做出的选择。在美国社交媒体上，人们因政治观点的不同形成了泾渭分明的不同阵营。

在 2016 年美国总统大选中，时任民主党总统候选人希拉里·克林顿呼声很高，CNN、《纽约时报》、《华盛顿邮报》等美国主流媒体所发表的民调结果均显示美国首位女总统的上台不可动摇。直到投票当天，《纽约时报》还预测希拉里获胜的概率在 90% 以上。

然而开票当天，希拉里的对手、共和党候选人特朗普得票一路走高，势如破竹般赢得了总统选举，这一结果令人咋舌。稍后的评论观点指出，这是一次以社交媒体为平台的自媒体对传统主流媒体的压倒性胜利。

特朗普依靠自己在推特（Twitter）、脸书（Facebook）、博客（Blog）等社交媒体上的表现，吸引了数以千万计美国选民的关注和支持，最终颠覆了大多数主流媒体预测的结果。特朗普依靠社交媒体平台化身"段子手"，就反恐、移民、经济增长等热点话题持续发表言论，合了众多底层群众的胃口，一路成长为"超级网红"，拥有了大量为他摇旗呐喊的支持者。这些人在社交媒体上群起响应，不遗余力地为特朗普造势。

特朗普在社交媒体上得到了广泛关注，他在推特上有 1340 万粉丝，推文约 3.4 万条，在 Facebook 有 990 万粉丝。相比之下，对手希拉里只有 778 万推特粉丝、推文 9062 条，480 万 Facebook 粉丝，从数据上来看完全处于下风。

希拉里虽然成功地获得了传统主流媒体的支持，却未能扭转局面。美国主流媒体不断抨击特朗普的不当言辞，却对希拉里的"邮件门"等违规行为轻描淡写，这反而加深了其支持者对传统媒体的厌恶。结果，只有 4.49 亿美元竞选资金的特朗普打败了拥有 9.49 亿美元竞选资金的希拉里。

出于对传统媒体的不满，特朗普上任后仍频繁在推特（Twitter）上发表言论，直接抨击政敌和媒体，宣传对外政策，夸耀自己的政绩，被人们戏称为"推特治国"。尤其在 2020 年的新冠肺炎疫情和总统大选期间，他通过推特竭力推卸疫情扩散的责任，攻击别国政府，嘲笑竞选对手，引起了广泛争议。

特朗普的"推特治国"遭到了众多批评。其前任奥巴马曾在接受采访时指出："问题是我们怎样利用社交媒体保持观点多样性，而不是最终导致一个分裂的社会。"以此批评特朗普分裂美国。具有讽刺意味的是，2021 年 1 月，特朗普下台前夕因煽动暴力被推特禁言。

后浪与前浪：新媒体取代传统媒体？

自新媒体出现后，舆论往往把它和传统媒体进行对比，寻找彼此的优劣势。一般认为，传统媒体在重大政治活动、政策法规宣传和国际事务报道方面有着明显优势，每当重大、突发事件发生时，事件的定论往往依赖于传统主流媒体发布的权威信息。这种信誉度来源于其严格的信息把关与流程规范。而新媒体往往更接地气，更受年轻人青睐，在司法争议、意识形态和民生问题等方面具有传播优势。

对于传统媒体来说，新媒体的竞争直接导致自身市场领域萎缩，影响空间与范围不断缩小。许多盛极一时的传统媒体发现，自己无法真正掌握用户数据，内容缺乏传播渠道和土壤，对“免费 + 收费”、流量与黏度为核心的互联网经营模式难以适应。

新媒体最重要的三个传播优势是传统媒体难以比拟的，这也是新媒体超越传统媒体的本质特征。

一、时效性

新媒体可以用更短的时间、更小的成本、更低的门槛，将信息传递给跨越地域疆界的、更广泛的受众人群，从而挤压传统媒体的生存空间。

借助于 4G、5G 网络和智能手机，无须过多的专业知识，新闻现场目击者完全可以独自在现场完成出镜、连线，而无须动用笨重的拍摄设备、卫星转播车和庞大的直播团队，短平快地提供第一手新闻素材，其时效性令传统媒体难以匹敌。如果说电视台还可以在新闻事件发生的同时抢先播出新闻，那么纸质媒体的新闻报道面对新媒体的快速反应就显得无能为力了。

随着人工智能、机器算法等技术的发展，新媒体在突发事件报道方面的优势更加明显，反应速度不断提升，重大事件往往可以在几小时内传遍全球，形成真正的“环球同此凉热”。

传统媒体虽然一直在奋起直追，使用新媒体的传播手段，造就一线“全媒体”报道人员，但在普及性、互动性、内部管理体制上存在先天桎梏，在时效性上往往不及几乎无处不在、“撒豆成兵”的新媒体。

2013 年 3 月 8 日凌晨，马来西亚航空公司 MH370 航班在南海上空失联。该事件的确认在北京时间早上 7 点左右，显然错过了当日早间报纸的排版、印刷和派送。因此，当无数读者都被该事件牵动的时候，全国各大报刊无一例外地缺席。

早晨 8 时 29 分，微博上出现最早的一条关于客机失联的权威消息。半小时后，微信账号中开始出现航班失联消息。传统媒体中，人民日报利用微博账号及时跟进报道该事件，足足比报纸快了 20 小时，充分体现了新媒体技术的力量。

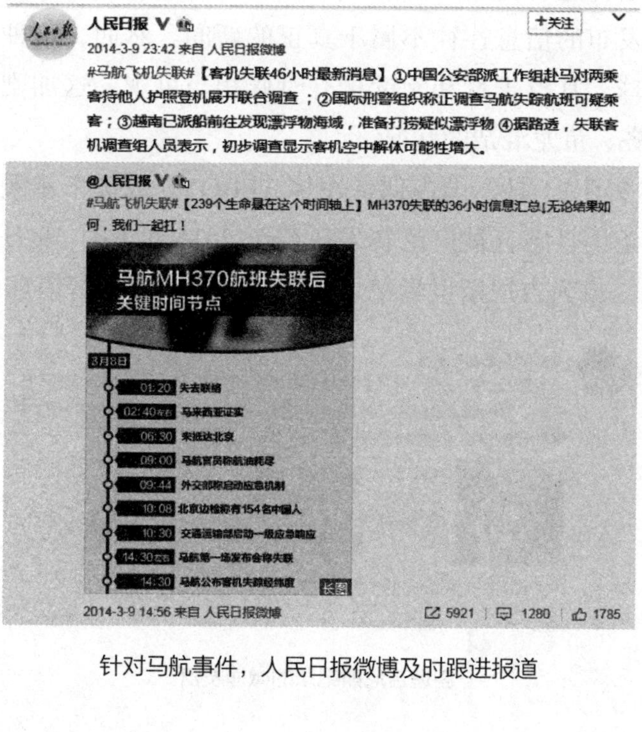

针对马航事件，人民日报微博及时跟进报道

二、广泛的参与性

自媒体（We Media）又称“公民媒体”或“个人媒体”，即公民用以发布自己亲眼所见、亲耳所闻事件的载体。自媒体实现了“人人都有麦克风”，使得传统意义上的新闻受众变成新闻发布的主体，具有平民化、高效性和互动性强的传播特点，受众的参与性大为提高。

新媒体时代，只要有传播工具，人人皆可参与信息传播，越来越多的普通人通过自媒体自己发布和传播信息，依靠更加个性化的风格和更好的社交体验抢走传统媒体的风头，自媒体从业者成为一种职业。

自媒体平台包括微博、微信、博客、网络社区（论坛 /BBS）等。艾媒咨询发布的《2017 年中国新媒体行业全景报告》显示，2016 年中国各自媒体平台中，微信公众号以 63.4% 的绝对优势领衔自媒体行业，微博自媒体平台成为用户传播第二渠道选择，占比为 19.3%。

自媒体时代，大量的非专业人员涌入媒体行业，他们大都立足于个人角度对现实事件进行分析、理解、裁剪整合，带有强烈的标新立异、娱乐化色彩，发布的信息往往不属于真正的新闻。然而，这种自媒体信息很能抓人眼球，其点击量和阅读量有时候相当可观，这加剧了网络空间信息良莠不齐、鱼龙混杂的状况。

2014 年 9 月 21 日，国内偶像团体 TFBOYS 成员王俊凯在个人微博上创建的一条生日感言被广泛转发，截至 2015 年 6 月 19 日中午共转发 42776438 条，成为吉尼斯世界纪录转发最多的一条微博信息。

创造吉尼斯纪录的微博发言

三、用户画像能力

新媒体的所有参与者之间可以互动，进行内容生成、评论、分享、转发等各种活动，从而大大增强用户与新媒体之间的黏性。更有甚者，新媒体可以利用互联网应用产品和社交媒体掌握用户资源，进行“用户画像”即深度描述，从而吸引广告商的兴趣。

新媒体可以定位到一个个触手可及的用户，捕捉其年龄、性别、职业、爱好。充分了解这些未来的“衣食父母”后，不仅不需要消极坐等用户打开电视、购买报纸，反而可以主动向这些用户发送他们最希望了解的信息和广告，从而极大地提升用户的接受度。这种对受众的了解和主动出击，传统媒体完全无法做到。

这一优势最终不可避免地传导到传统媒体赖以生存的重要经济来源——广告。从经营角度而言，与传统媒体相比，新媒体运营的主要优势体现在如下四点。

1. 传播力强：新媒体凭借本身特点，实现和大众之间广泛而精准的双向传播。新媒体传播信息，受众在看到信息后给予反馈。同时受众也是信息的传播者，可以帮助新媒体进行信息的二次传播，从而有效实现传播效果。

2. 整合性强：新媒体运营整合了最为热门的媒介，并依据各个媒介的特性发挥不同的运营价值，相互之间有机结合、互相促进，并且随着对用户的跟踪而不断更新。

3. 内容多元化：新媒体在进行内容传播时可以通过文字、图片、声音、视频、AR 等多种形式让用户深度感知信息内容，有利于促发用户的自主创作。

4. 性价比高：新媒体运营不涉及很高的媒介成本，并且以交互性强、渗透率高、转化率好的特点优于广告投放，投入产出比相对较好。

近年来，新媒体机构在全球范围内不断蚕食传统媒体的广告市场份额。据市场研究公司 eMarketer 数据显示，2018 年全球广告支出为 6268

亿美元，其中数字广告约2800亿美元，占比45%。在美国，数字广告占广告支出比达到近一半。当然，新媒体机构之间竞争也非常激烈，广告份额越来越集中于几家平台。

在美国，传统媒体不断在走下坡路。美国的报纸数量从2004年的8891家下降到2020年年初的6736家；报纸的总发行量从2004年的1.22亿份下降到2019年的6800万份；报社记者和编辑数量在10年之内减少了一半以上。

2013年，美国电商企业亚马逊首席执行官杰夫·贝佐斯以2.5亿美元收购了创刊于1877年的《华盛顿邮报》，这桩交易被认为是报业的悲剧，更被解读为“一个时代的终结”。究其原因，《华盛顿邮报》经营每况愈下，发行量不足50万份，长期陷于亏损状况。

2018年谷歌数字广告收入达到420亿美元，占美国市场份额37.1%；Facebook和Instagram共收入230亿美元，占20.6%。这两家平台拿走了全美近六成、全球近四分之一的数字广告份额，让其他同行望洋兴叹。

在中国，情况同样类似。2018年16家主流互联网公司数字广告收入达到3845亿元，比2017年增长39%。百度、阿里巴巴、腾讯、今日头条四家科技企业占据其中的83%以上。

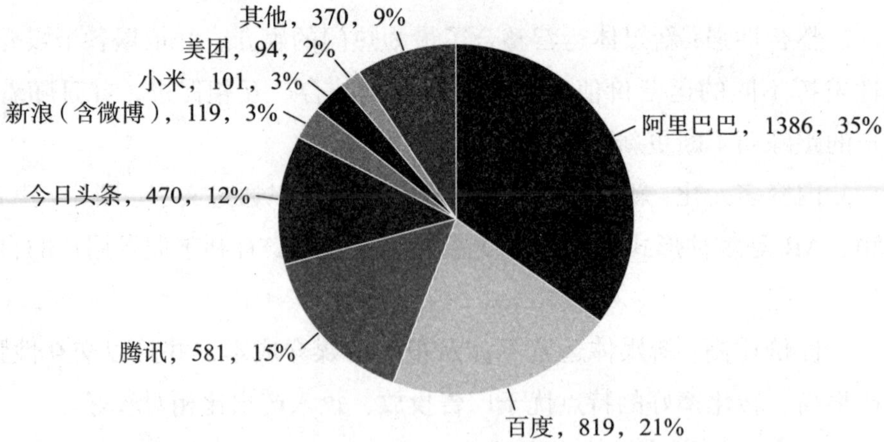

中国主要互联网企业2018年广告收入及份额（单位亿元，数据来源于i199IT）

传统媒体在影响力和经营业绩两方面都感受到了新媒体的压力。互联网广告、网络游戏已成为传媒产业的支柱行业，网络视频、手机游戏、数字音乐、数字阅读、内容付费等领域增长潜力较大，而这些业务都不是传统媒体的长处所在。在现实危机面前，传统媒体纷纷转型谋求发展，媒体从业者的生存状况不容乐观。近年来国内外知名企业纷纷大幅度削减传统媒体广告费，转投于新媒体。

尼尔森网联的数据表明，受新冠肺炎疫情影响，2020 年第一季度中国传统媒体广告市场投放总量下降，同比降幅高达 25.5%。与此形成对比的是，国内 15 家头部互联网公司 2020 年第一季度的广告收入非但没有出现滑坡，同比还略有增加。

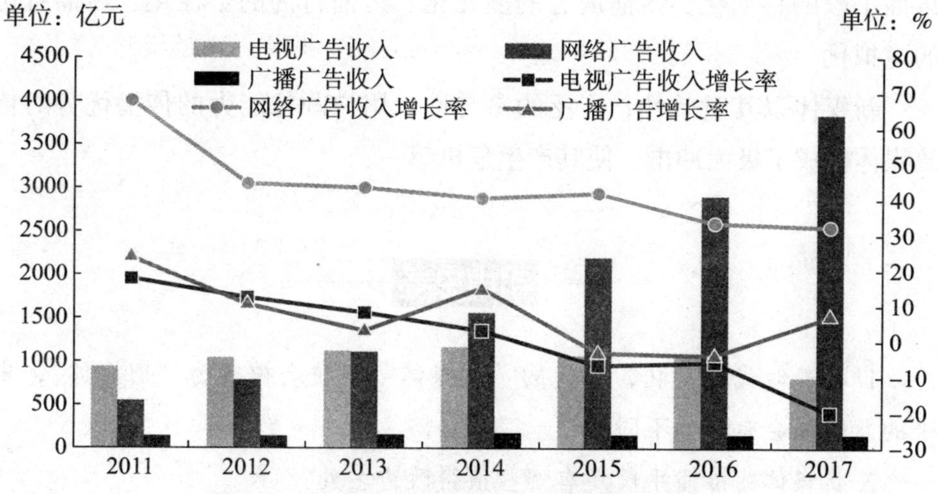

2011—2017 年广播、电视、网络广告收入与增长率

［社会科学文献出版社《中国传媒发展报告（2018）》］

宝洁公司（Procter & Gamble）曾经是世界上最大的日用消费品公司之一，也是全球最大的广告主之一，年广告预算超过 100 亿美元。2005 年到 2007 年，宝洁曾连续三年获央视广告“标王”，但之后宝洁对电视广告的态度日趋谨慎，开始关注新媒体。2011 年，宝洁在中国互联网的广告投入达 2.86 亿元，成为中国互联网广告的最大客户，与此同时，其

在电视广告上的亮相则明显减少。

面对新媒体的步步紧逼，人们不禁会问，传统媒体会消失吗？这是一个未知的问题，答案取决于传统媒体是否正视环境的变化，是否愿意积极用新的技术和运营方式来改造自身。

本章小结

新媒体是基于互联网技术生成的各种媒介形态，主要包含新的技术和新的媒介形式，以及新的交流沟通方式，种类比较复杂。

新媒体具有以下传播特点：传播方式的及时性、交流方式的互动性、传播手段的移动化、传播内容的多元化、传播行为的个性化、传播身份的虚拟化。

新媒体以其时效性、广泛的参与性、用户画像能力的传播优势对传统媒体构成了极大冲击，使其产生危机感。

引申思考

1. 随着时代的变化，今天的“新媒体”很快会被视为“旧媒体”，未来的新媒体会有哪些不同？

2. 新媒体的传播手段还有哪些值得改进之处？

3. 新媒体行业的就业前景如何？这个行业对年轻人是否有吸引力？

第二章

新媒体的诞生背景

生逢数字化时代

从报纸到广播、电视、互联网，再到移动互联网，历次传媒变革均是由终端设备和内容形态变化导致的，实质上则由技术潮流和管理思潮所驱动。

1996 年，美国学者尼葛洛庞帝（Negroponte）在《数字化生存》一书中提出，人类将生存于一个虚拟的、数字化的生存活动空间，在这个空间里人们应用数字技术从事信息传播、交流、学习、工作等活动。数字化生存理论由此诞生。

《数字化生存》一书深入浅出地讲解了信息技术的基本概念、价值、趋势和应用，阐明了信息技术、互联网对社会和人们生活的影响，对信息时代的启蒙产生了巨大的影响。此书一出版便引起轰动，被引进我国后同样反响热烈。今天来看，这本书对数字化时代的诸多论断可以说是预言性的：

1. 分散权力：随着互联网技术的发展，数字世界逐渐摆脱传统的中央集权的生活观念，实现去中心化，达到权力分散。

2. 全球化：经济越来越全球化，互联网也不断壮大，数字化办公室将超越国界，不受地域、时间、空间的限制。

3. 追求和谐：诞生一种前所未见的共同语言，人们跨越国界，增进了解，对于同一个问题，每个人都有机会从不同的角度来分析。

4. 赋予权利：数字世界的主体是年轻的公民，数字化、网络化时代将赋予公民更多的权利。

新媒体的数字化是其最本质的特征。用电子屏幕接收信息，传播方式突破时空和距离的限制，传者与受者随时互动并随时转换角色，话语权不再局限于媒体，只要“有话可说”，人人都能将自己想要传播的信息发布出去。

但是，“有话可说”不代表“有人愿听”。在数字化时代，信息的传播不再被单方面完全垄断，而是通过一个又一个传播中心进行流动。信息传播中心不是永恒的，而是流动和分散的，谁掌握了有价值的信息，谁就能够在新媒体平台上获得大众关注，成为信息传播的中心。一旦这个中心拥有的信息开始贬值，周围聚集起来的力量逐渐消散，这个中心也即消失，新一轮的信息竞争重又开始。

小贴士 *在信息传播的微观权力结构中，此消彼长，没有人是永远的强者，只存在暂时的力量积聚。*

在数字化时代，媒体读者的行为模式发生了巨大变化，以往通过传统媒体被动地接受信息，如今却是通过数字媒体主动选择阅读信息并付诸行动。对媒体和信息发布者而言，适应这种挑战的难度其实比普通媒体更大。

海量信息时代，信息干扰更大，读者的喜好变得更加难以捉摸。如何利用数字化传播的行为模式分析把握读者的兴趣，通过精准信息投放引起读者的积极反应，创造良好的品牌形象，达到行之有效的传播效果，将在很大程度上决定信息发布的效果和新媒体的前途。

互联网技术

对于传媒产业而言，互联网不仅是一种新的生产要素，更是一种产业基础和创新模式，它缔造了新的产业形态与业态，从而推动了传媒的快速发展。

互联网自诞生以来已超越了当初的军事和技术目的，几乎从一开始就服务于人类的交流，发展迅猛。自 1995 年起，全球互联网开始商业化启动，带动了欧美及亚洲多个国家的股票市场中互联网相关企业股价高速上涨。

在商业应用上，三家美国公司网景（Netscape）、雅虎（Yahoo）和谷歌（Google）做出了巨大贡献。网景研发出第一个大规模商用的浏览器软件，后来被微软的 Windows 软件取代。雅虎的创始人杨致远开启了互联网黄页和搜索引擎的实践，而谷歌后来居上，推出了广受欢迎的搜索服务。

2001 年秋天，美国股市互联网公司概念泡沫破灭，股市大衰退，成为互联网发展的一个转折点。2004 年，互联网企业家 Tim O'Reilly 推广了在 1999 年发明的一个词 Web 2.0，并深入人心。Web 2.0 并不指任何一项技术指标，而是描述了互联网站逐步演进的方式。

在 Web 2.0 时代之前的 Web 1.0 时代，互联网站采用的是静态页面，是将以前没有放在网上的人类知识，通过商业的力量搬上网页，用户被动浏览“网上图书馆”，信息量和互动都较少，仍然接近于传统媒体“我写你看”的信息发布渠道。

不同于 Web 1.0 的被动观看，Web 2.0 时代则是以用户为主，网络技术的发展使得用户可以简便随意地把图片、视频、评论等内容上传网络，同时和其他用户在社交情境下进行内容的合作生产和互动。从大众传播角度来看，Web 2.0 时代的传统媒体不再是唯一的新闻生产者，任何用户都可以上传自己的所见所闻，传统互联网变成了任何人都可读可写的“黑板报”。

Web 2.0 的网站只负责提供展示平台，而不负责提供内容。例如，微博本身不生成任何页面，所有内容都是由用户自己生成的。新闻消息的传播也从“一对多”进入“多对多”时代，每个新媒体用户都可以是新闻的生产者，可以在任何时候向互联网上的任何用户发送信息。

小贴士　Web 2.0 时代，个人获得了接近于主流媒体的话语权，由此开始了自媒体时代。

1996年，美国政府宣布启动“下一代互联网（NGI）”研究计划。除了空间更大、速度更快、更安全、更及时、更方便等特征外，下一代互联网还是一个高度融合的网络，将促使经济模式从互联网络经济向光速经济变革。也就是说，下一代互联网将打破目前带宽对信息传输的限制，实现话音、数据、图像三种业务模式的全面融合，传统的电信制造、移动通信、有线电视、数据通信和信息服务业等行业将走向融合。

互联网的核心技术是互联网的体系结构，包括传输格式、转换方式、路由控制算法三个主要部分，其中传输格式问题近年来日渐突显。传统的传输格式是依赖互联网地址协议给每个接入端分配一个身份识别号码，即IP地址。经历了数十年的发展，原来的第四版互联网地址协议（IPv4）已经出现明显的局限，40多亿个IP地址已经不能满足全球需要。

2012年6月6日，国际互联网协会举行了世界IPv6（第六版互联网地址协议）启动纪念日，很多国家在国家层面推出IPv6发展计划。IPv6的地址长度为128b，是IPv4地址长度的4倍，支持的网址数量为2的128次方，不仅能解决网络地址资源数量不足的问题，而且解决了多种接入设备连入互联网的障碍，为物联网时代的到来打下了基础。

在下一代互联网研究方面，我国及时行动。2003年，我国启动下一代互联网示范工程（CNGI）。2010年，下一代互联网IPv6产业被列入国家战略性新兴产业。

2017年12月，中共中央办公厅、国务院办公厅印发了《推进互联网协议第六版（IPv6）规模部署行动计划》，指出要在智慧城市、云计算、物联网、人工智能等重大新兴产业中加大IPv6推广应用力度。我国IPv6发展已初步形成政企联动、高效协同、多方参与，网络、应用和终端协同推进的良好局面。

IPv6的时代即将到来，预示着包括媒体在内的很多行业将增加一项工作内容，即进行应用迁移，媒体必须把相应网站、设备及软件进行改造和升级，以支持IPv6业务及应用。这些工作一旦完成，用户将能在新平台上收获更多、更好的内容和体验。

移动通信技术

移动通信是现代通信网中不可缺少的一环，和卫星通信、光纤通信一起被列为三大新兴通信手段。人们借助移动通信实现了随时沟通，直接推动了包括新媒体在内的各行业的发展。

近年来，随着移动技术的不断进步，网络应用日趋多元化，如即时通信、搜索引擎、网络新闻、网络音乐、网络视频等，为新媒体的快速发展提供了良好的技术支撑。新的应用技术打造了新的信息产品，带动了短视频和网络直播的爆发式发展。

移动通信技术的发展阶段分为五代，即俗称的1G、2G、3G、4G、5G时代。1986年，美国芝加哥开通第一套移动通信系统，进入1G时代。此时的手机只能进行语音通话，而且通话质量较差。而2G、3G、4G之间最大的差异就体现在上网速度上。2G满足了人们随时随地上网的需求，但速度和质量不佳。

2009年开始的3G时代，使人们过上了真正意义上的“移动”生活，实现了随时随地上网，速度接近普通家庭宽带。

2014年4G时代开始，在上网速度上则有颠覆性的提升，实现了移动高速上网，不受固定宽带上网地点的限制。我国建立了全球最大的4G网络，2017年一季度4G用户达到8.36亿户，并且在5G的布局上处于全球领先地位。

5G时代提供的无线互联网应用和服务类型有望扩展到视觉、触觉和认知领域，为丰富智能产品种类、实现万物互联提供了可能。预计5G时代将使无人驾驶汽车和智能工厂等一系列技术取得突破，成为全球第四次工业革命的重要动力。

2018年6月，首个5G国际标准正式公布，华为等中国企业多项技术方案进入国际核心标准规范。我国于2019年启动5G网络建设，工信部向中国电信等四家运营商发放5G商用牌照，中国正式进入5G商用元年。

小贴士 随着移动通信技术的发展和基础网络环境的进一步优化，我国新媒体尤其是短视频和直播领域将继续保持强劲的发展势头，市场前景广阔。

物联网技术

我们今天广泛使用的移动电子设备如手机、笔记本电脑、平板电脑等都具有上网功能，可以接收和发送信息。如果其他物品和设备也具有联网接收和发送信息功能，这就是俗称的物联网。

物联网被认为是继计算机、互联网、移动通信网之后的又一次信息产业浪潮，其概念由美国麻省理工学院教授阿希通（Ashton）于1999年首先提出，是基于射频识别和电子代码等技术，在互联网的基础上构造一个全球物品信息实时共享的实物互联网，逐渐打破物理世界、数字世界和人类社会之间的界限。

2005年11月，国际电信联盟（ITU）在突尼斯信息社会世界峰会（WSIS）上正式提出物联网（IOT）的概念。根据国际电信联盟定义，物联网是指通过二维码识读设备、视频识别装置、红外感应器、全球定位系统和激光扫描器等信息传感设备，按约定的协议，将任何物品与互联网相连接，进行信息交换和通信，以实现智能化识别、定位、跟踪、监控和管理的一种网络。简言之，就是物物之间的互联网。

国际电信联盟的报告描绘了一幅物联网时代的图景：当司机出现操作失误时，汽车会自动报警；公文包会提醒主人忘带了什么东西；衣服会

“告诉”洗衣机对颜色和水温的要求；等等。当货车载货超重时，汽车会自动告诉司机超载了，如何搭配各种货物；当搬运人员卸货时，货物可能会大叫“你扔疼我了”，或者说“请不要太野蛮”。

目前，物联网在我国有序健康发展，主要涉及智能工业、智能农业、智能物流、智能交通、智能电网、智能环保、智能安防、智能医疗和智能家居等领域。一旦拓展到传媒领域，无疑将会推动媒体的巨大变革。

物联网时代的媒体可能会这样运行：大量的传感器分布在社会每个物理角落，随时检测外界物体的状态，通过信息核对捕捉有价值的新闻信息，如果符合相关设定，就会自动将信息转换为新闻形式发送给媒体，实现新闻素材的自动收集、自动处理，媒体从业者要做的就是审核和批准发布。应用物联网技术，还可以测量一些随时变化或者不易获取的信息，如大气中 PM2.5 或地质变动的数据，帮助媒体及时感知专业信息。总之，物联网技术能够使媒体获取和加工信息的方式更加多样、更加快捷。

大数据与云计算技术

“大数据”的概念指的是海量、高增长率和多样化的信息资产，需要运用专业技术处理以发掘其价值。时至今日，“大数据”不再是一个简单的概念，已经发展为一种用于实际领域的信息服务。比如，网民广泛使用的“搜索引擎”，就是选用了数据挖掘技术，以数据挖掘技术为中心的搜索技术会提高用户获取信息的专业性和便捷性，提高用户的使用率。

新冠肺炎疫情初期的 2020 年 2 月 11 日，杭州市政府在国内率先推出“杭州健康码”，要求广大市民和拟入杭人员主动填写申报，随即迅速在全国普及，成为人们出行必备的证明文件。

健康码基于个人在线填报信息与后台数据实时计算比对，经后台审核后生成，实施“绿码、橙码、红码”三色动态管理，自动产生，动态更新，是大数据技术实际应用的典型范例。

在此基础上，卫生部门提出了健康码“一码知健”的设计思路：通过集成电子病历、健康体检、生活方式管理的相关数据，在关联健康指标和健康码颜色的基础上，探索建立个人健康指数排行榜。同时，也可以通过大数据对楼道、社区、企业等健康群体进行评价。

大数据类似金矿，需要加工才会产生效益。比如，媒体试图监控某个新闻事件的传播状态演变，就需要追踪事件递进的信息变化，过滤掉无关的信息，建立不同节点之间的关系，用直观图像化的手段将重新构建出来的关键信息展示出来，由此理清事件的来龙去脉。这个信息提取、过滤、组合以及重新还原的过程均依赖大数据技术对读者数据进行有效处理，之后这些数据才能转化为实际价值。

2016 年，大数据上升为我国国家战略，“十三五”规划纲要明确提出“实施国家大数据战略”，彰显了我国对于大数据战略的重视。在国家政策的推动下，我国大数据行业市场规模高速增长，大数据产业成为未来新的经济增长点。

目前，国内名列大数据公司前茅的主要有百度、腾讯、阿里巴巴等互联网巨头以及华为、浪潮、中兴等国内领军 IT 企业，涵盖了数据采集、存储、分析、可视化、数据安全等领域。百度前总裁张亚勤说：“由人工智能、大数据和云计算组成的‘ABC’将成为一个时代的主题。而大数据就像是新能源，能让服务商更了解用户需求，让用户更轻松地获得自己喜欢的商品和服务。”

阿里巴巴是国内最早意识到大数据重要性的企业之一。2014 年，时任阿里巴巴集团董事局主席的马云就提出了 DT（Data Technology）时代的概念，并不遗余力地开发这一金矿。马云认为：“未来三十年各行各业都会发生翻天覆地的变化，数据将成为核心资源。数据时代不是比拼肌肉的时代，而是比拼大脑的时代，过去的工业时代我们把人变成了机器，未来的数据时代我们将把机器变成人。”

阿里巴巴集团通过旗下的阿里云计算开展大数据服务，比如为制造、金融、政务、交通、医疗、电信、能源等众多领域提供服务，保证了天猫“双 11”狂欢节、12306 春运购票等重大活动正常运转。2018 年，阿里巴巴的云计算业务收益达到 213.61 亿元，成为全球第三大公有云服务商。

与大数据开发利用直接相关的是“云计算”技术，即服务商通过网络向用户提供海量数据的计算服务。“云计算”可以准确分析出每个年龄层受众的喜好，使新媒体可以更加了解读者和观众，根据市场需求不断调整传播方式与时机，提高新闻报道的深度和广度，甚至预测社会发展趋势，取得最佳传播效果，也更利于吸引广告商。

新媒体依托大数据和云计算而进行的“精准广告”投放，大大提高了广告的传播效果，不仅给媒体用户带来更好的阅读体验，而且更符合目标受众的期待，满足了不同族群的实际需要。新媒体可以精准推送给各个年龄层受众感兴趣的传播信息。比如，根据用户所在地域推送相关地区的热点新闻或新鲜事；根据其职业推送相关行业的有用信息；根据喜好的对象推送有关娱乐信息；等等。

在以用户关系链接为核心的社交媒体平台上，传播的个人化和社会化特征明显，但也容易导致传播的圈层化、社群化。

目前，主要的舆论载体如微博、微信、今日头条等平台，其技术属性导致的信息分发和社会网络构建方式让网民更多地接触到跟自己观点和态度接近的信息。今日头条被诟病造成“茧房效应”，就是因为基于用户已有的阅读兴趣和倾向推荐内容，致使用户越来越难以接受不同的观点，价值观逐步被算法所塑造。

小贴士　大数据技术可以使网络用户画像更加清晰，信息产品与用户个性化需求对接的精准度进一步提升。

人工智能技术

人工智能（Artificial Intelligence，缩写 AI）是研究、开发如何模拟、延伸和扩展人的智能的理论、方法、技术及应用系统的一门新的技术科学。人工智能是计算机科学的一个分支，试图研制出一种能以人类智能相似方式做出反应的智能机器，通俗的说法就是能思维、只干活不休息的机器人。

AI 技术正在成为社会发展的新驱动力量，已经在很多行业扮演日趋重要的角色，可以推动媒体重构新闻生产流程，推动以广告为主的盈利模式向内容付费为主的模式转变。美国大选的竞选支持、选情预测和媒体报道就充分利用了人工智能技术。美联社早在 2014 年便开始使用自动化软件生成商业公司季度财报的报道，每个季度能够快速发布数以千计的财经报道。

在被视为人类思维专有领地的围棋界，2016 年起，智能机器人“阿尔法狗”先后战胜世界冠军李世石、柯洁的新闻引起轰动，但这其实只是 AI 技术应用的一个缩影。

2017 年起，人工智能前途看好，国内对人工智能企业的投资不断加大。根据腾讯发布的《2017 互联网科技创新白皮书》，当年国内人工智能累计融资额已达 635 亿元，占全球融资总额的三分之一。其增长甚至引起美国媒体的忧虑，担心美国的人工智能研究将很快被中国赶超。

对于媒体行业而言，人工智能可以改变媒体内容的生产、分发、过滤和消费等所有环节，智能化工具将逐步取代现在的媒体采编、提供生产工具，进而引发媒体管理的变迁。

第一，机器人写作。很多媒体已启动机器人写作新闻，而这仅仅是人工智能在新闻领域应用的简单场景。早在 2014 年，就有美联社、《洛杉矶时报》等媒体开始用机器人和自动化技术撰写简单的新闻。

2015 年，腾讯财经宣布通过一款名为 Dreamwriter 的机器人以算法生成稿件，在政府发布 CPI 资料后短短几分钟就发出了一则新闻，题为《8 月 CPI 同比上涨 2.0% 创 12 个月新高》。在“2017 腾讯媒体 + 峰会”活动现场，发言的嘉宾刚说完谢谢，Dreamwriter 用时不到 1 秒就完成报道稿件，还能自动配图和自动剪辑视频片段，这样的工作效率是常人难以匹敌的。

2016 年里约奥运会期间，今日头条的 AI 记者“Xiaomingbot”通过对接奥组委的数据库信息实时撰写新闻稿件，以跟电视直播几乎同时的速度发布，完成了 400 多篇各种项目类型的赛事稿件。

首页 / 体育 / 正文

奥运羽球女子单打小组赛 奥运名将戴资颖(中华台北)2:0力克娜塔莉亚-佩米诺娃 轻松取分

AI小记者Xiaomingbot 2016-08-15 08:34

简讯：北京时间8月15日07:30时，现世界排名第8的戴资颖在奥运会羽毛球女子单打小组赛中胜出。戴资颖本轮的对手是现世界排名第52的娜塔莉亚-佩米诺娃，实力不俗。但经过28分钟的激烈较量，最终，戴资颖还是以总比分2:0战胜对手，笑到了最后，为中华台北延续了在这个系列赛事中最终夺冠的机会。这场比赛的各局比分分别是 21:12，21:9。

AI 记者的赛事实时报道

2017 年 8 月 8 日，四川九寨沟发生 7.0 级地震，中国地震台网的机器人用 25 秒写作并发布了地震快讯，震中简介、震中天气、历史震情等新闻要素俱全，同时配有地震参数图和地形图。

写作机器人大多用于含有较多数据、不需要进一步调查的内容，如财经、体育、常规性的政治和社会活动。这些周期性或常规性报道不需要特别深入的调查，也不需要去了解各个事件背后的关系，是适合人工智能的用武之地。

当然，机器目前尚不能完全替代人，即使有机器辅助写稿，大量实时、深度新闻的撰写、编辑仍需要专业的编辑记者完成。人工智能更擅长抓取数据生成报道，但面对突发新闻事件，特别是灾难性事件时，媒体记者仍需在现场进行更深入的调查。专注于专业领域的工作，人机有效结合才能使双方优势最大化。

第二，资讯服务。通过语音智能工具、机器翻译工具等人机对话为媒体或读者提供各类资讯（文字、视频、音频等），并进行资讯之间的转化。比如，记者通过采访获得了大量的视频和音频素材，不必再像以前那样耗费大量时间逐一整理消化，机器能把视频和音频内容瞬间转化成文字，人们可以很方便地进行检索，快速找到所需内容。语言隔阂也不再是媒体报道的天然障碍，即时翻译系统将取代同声传译。

第三，专家系统。媒体工作者在进行信息报道时往往要做很多调查研究，这些耗时的研究可以通过舆情分析和大数据挖掘，让机器去学习然后给出全面、准确的总结意见，以提升工作效率。

第四，最受媒体用户关注的是，智能分发已经是相当成熟的媒体人工智能应用项目。当用户登录新媒体后，机器会向用户推荐可能感兴趣的新闻、视频和其他信息，音乐网站会通过预测用户想听什么歌曲从而生成个性化的播放榜单。机器算法可以取代编辑人工筛查鉴定媒体内容中的抄袭和低质量内容，提升内容筛选环节的效率。

智能分发是由计算机通过一定的算法加以实现的。算法是人们归纳总结出来的解决一类问题的方法，可以告诉内容生产者哪些具体因素促使文章被更多人阅读，应当生产什么样的内容，分发给什么样的用户。

与媒体内容相关的算法大致有三类：其一是基于内容的推荐，根据用户过去的浏览记录向用户推荐其没有接触过的内容；其二是用户的协同过滤算法，基于一个假设“和你喜好相似的人喜欢的东西，你也可能喜欢”，进行个性化协同推荐；其三是基于关联规则的推荐，挖掘发现不同商品在销售过程中的相关性。

小贴士　在海量信息时代，算法作为帮助人们解决信息爆炸问题的有效方法，取得了良好效果。

国内率先实行算法推送的媒体是今日头条，利用算法推送有助于用户找到更多感兴趣的内容，直接增加用户黏性。数据显示，2015 年 10 月，今日头条用户每日阅读时长平均为 41.8 分钟，而网易新闻、凤凰新闻、腾讯新闻用户每日阅读时间分别是 26.1 分钟、24.7 分钟和 19.8 分钟，明显落后于今日头条。2016 年 8 月，今日头条的用户每日阅读时长已经超过 70 分钟。

许多人认为，新媒体之后，“智能媒体”时代已然来临，智能技术的运用将新媒体带入更高的层次和境界。今日头条的创始人张一鸣对媒体未来形态的设想较为激进，他希望用技术解决内容的生产问题，未来头条的创作将完全由人工智能接盘，以“没有编辑”的境界更有效、更精准地提供更能满足个性化需求的内容。

2017 年 7 月 6 日，人民日报发表《新闻莫被算法“绑架”》一文。随后，人民网先后发表了《不能让算法决定内容》《别被算法困在“信息茧房”》《警惕算法走向创新的反面》三篇文章，从内容“看门人”、算法创新等角度对算法在媒体的应用场景进行全方位的报道。

上述报道指出：一些新闻客户端痴迷于追求流量和点击量，“简单粗暴”地运用算法，只给读者展示想看的那部分内容，用户每点开一篇文章就会收到大量生拉硬扯相似的内容。如此下去，给用户推荐的内容越来越单一，媒体的格局变得越来越狭小。这样的算法不利于媒体坚持真实、全面、客观、独立，用优质的内容塑造风格。

人民日报及人民网对算法的质疑引起了媒体及各界人士的热议。人们普遍认为，算法技术同样不能脱离人的掌控，目前的机器算法在很大程度上依赖内容的互动量和分享率作为数据处理依据，并不能深入理解新闻内容，高互动和分享率并不与新闻质量挂钩，因此不设编辑的纯算法推荐，更容易让低俗内容、标题党和不当内容受到广泛传播。

比如，基于算法的、个性化推荐的一条重要规则是用户喜好，用户点赞、评论等互动较多的内容就会被视为喜欢，类似内容就会被推荐。但有时用户出于某些需要，对某些信息违心地去互动点赞，在机器算法看来往往就成了用户喜欢的内容。

目前的机器算法可以在资料收集整理和初级资讯的发布中占尽优势，但在更高的层次上尚无法实现像人类一样的思考。也就是说，机器尚无法识别内容的好坏，只能单纯靠用户的行为来判断，这会导致算法推荐给用户的只能是越来越同质化的内容，背离技术让人获得更丰富信息的初衷。

总之，算法对新闻生产的确产生了积极的影响。一方面，它让内容生产者更加关注受众感兴趣的内容，更从读者角度思考内容创作，不再是自说自话、闭门造车；另一方面，它节省了消费者的时间成本，提高了阅读效率，有利于获得更丰富的资讯和知识。

媒体作为信息发布的专业筛选者，算法作为用户、媒体、用户多重连接的大众化筛选者，两者必然是一种竞争与共同成长、相互激发、最终融合的关系。

小贴士 机器算法的完善和智能化仍需要时间，对算法既不能视而不见，也不能过分依赖和追捧。

媒体的智能化发展，从核心业务能力的维度上给媒体从业者提出了全新的要求。人工智能会让媒体人失业吗？现在来看，即使智能化程度再高，机器自我学习能力再强，媒体的产品、节目、内容在形式、模式等层面上的创新依旧需要专业编辑和记者来完成。

信息的采集加工传播不是完全的简单机械劳动，难以被缺乏故事挖掘能力的智能机器完全取代；而且新闻工作涉及政治、思想、宗教、文化等领域的高级劳动，不是一般意义上的智能化可以替代的。也许假以时日，我们可以目睹从新媒体时代走向 AI 媒体时代。

虚拟现实技术

虚拟现实技术（VR）是一种可以创建和体验虚拟世界的计算机仿真系统，它利用计算机生成一种模拟环境，是一种多源信息融合的、交互式的三维动态视景和实体行为的系统仿真。

电视屏、电脑屏、手机屏显示的是二维画面，而 VR 却给我们提供了三维画面的展示屏，具有一切人所具有的感知，使人除视觉感知外还有听觉、触觉、运动等感知，甚至还包括嗅觉和味觉等，是真正的“身临其境”。

影视、游戏、动漫、娱乐等产业对 VR 的应用嗅觉灵敏，已经积极行动起来，媒体也不落后。2016 年两会期间，人民日报客户端用 VR 技术无死角观察全会场，新华社拍摄了新闻发布会、会议记录、现场采访等 19 个 VR 视频，更结合闯关游戏增强网友的参与性。《光明日报》《经济日报》等媒体也进行了 VR 视频报道两会的新尝试。

对于媒体报道而言，VR 将彻底改变传统的视频类节目制作方式，比如，虚拟演播室技术。传统的视频类节目（电视直播等）受演播室场地的限制较多，布景制作耗费经费，且表现力受到限制。VR 系统制作的布景是合乎比例的立体设计，当摄像机移动时，虚拟的布景与前景画面都会出现相应的变化，从而增加了节目的真实感，不但能够更有效地表达新闻信息，增强信息的感染力和交互性，而且不必更换案例，因此可减轻制作成本。

此外，VR 在视频节目制作中可以充分发挥创作人员的艺术创造力与想象力，利用现有的三维动画软件创作出高质量的案例。

VR 技术被公认为信息技术发展的下一个风口，虽然迄今还没有出现突破性的应用，也没有实现市场化，但各界对 VR 的关注丝毫没有减弱。

与VR技术相关的还有AR（增强现实）、MR（混合现实）技术。2017年央视在“3・15”晚会中采用AR技术展示消费骗局内幕，解放军报社在建军90周年时推出AR读报系统，收到了更好的传播效果。

VR、AR、MR的应用，将极大改变大众的信息交互模式，减少信息与用户之间的媒介和感知理解障碍，极大提升用户的体验性和使用愉悦性。

区块链技术

2018年起，区块链技术突然火爆，一时间各行各业诸多人士言必称区块链，传媒产业也不例外。2018年2月，《人民日报》刊登《三问区块链》文章，人民网上线区块链内容专区，体现了主流媒体对此技术的重视。2019年1月，国家互联网信息办公室发布《区块链信息服务管理规定》，进一步促进区块链技术及相关服务的健康有序发展。

区块链技术的原理是通过加密技术处理互联网数据，形成一个去中心化的可靠、透明、安全、可追溯的分布式数据库，简化数据记录、传播、存储、管理的业务流程，提高交易效率。简言之可以杜绝造假，大大降低信用成本，从而重塑现有的产业组织模式、社会管理模式，提高公共服务水平。

媒体的核心在于新闻内容的真实、即时和高质量，区块链技术具有的公共可查询、不可篡改、不可伪造、共识机制的特点，显然有助于媒体明确新闻来源、保障版权、有效分配渠道商和内容编辑者的收益，因此也将是未来新媒体发展的技术动力之一。被寄予厚望的区块链技术能否与新闻业实现深度融合，目前尚未形成一个公认的成熟模式。

5G 时代的新媒体

2019 年以来，美国不断针对 5G 时代的领头羊、中国高科技企业华为公司发布禁止出口措施，意图将这家中国企业扼杀，夺回全球 5G 技术领域的主导权，引发全世界高度关注，也让更多的人产生思索：5G 为什么让美国如此紧张？对新媒体来说 5G 意味着什么？

如前所述，与 4G 相比，5G 时代能够提供几乎无限的无线互联网应用和服务类型，有望扩展到视觉、触觉和认知领域，为丰富智能产品种类、实现万物互联提供了可能。

随着 5G 时代的到来，一系列革命性技术将会取得突破，科幻电影里的人工智能、无人驾驶、智能家居、虚拟现实、远程急救医疗、远程科技考察都将融入人们的生活，由此又将导致现有一系列产业链的深刻变革，成为全球第四次工业革命的重要动力。

如果说新媒体借着 4G 时代的智能手机得以普及，给传统媒体造成了巨大冲击，那么 5G 的到来很有可能让新媒体的发展再上一个台阶，整个传媒行业的方向再一次被刷新。

5G 网络与人工智能、大数据等技术的结合，不仅可以帮助媒体更加精准地采集新闻线索，还能根据用户的不同需求进行生产推送，更可以根据用户反馈，及时对信息生产进行调整，提高传播效果，提升传播效率。

2020 年 1 月 27 日，在国内抗击疫情的关键时刻，国家级新媒体平台“央视频”采用 5G 技术策划了直播节目“与疫情赛跑——全景直击武汉火神山、雷神山医院建设最前沿”，全面呈现了两家医院争分夺秒的建设情况，将清晰、稳定、直观、持续的视频画面传递给每一个在线观看的网友。节目直播峰值时超过 2 亿人次观看，获得了 BBC 等国际媒体和社交媒体平台转播。

观看视频是新媒体用户常见的获得信息方式。5G 网络有比 4G 网络快上百倍的传输速度，超大宽带、超低时延和超大连接，为高清视频直播中的高清视频上传和终端无卡顿收看提供了可能性。随着 5G 网络环境的逐步铺开，VR、AR 等技术的应用将进一步深化，甚至有望实现听觉、触觉、嗅觉、味觉的虚拟，为读者建构更加立体、真实、多维的新闻场景。据预测，5G 时代将可能流行大屏幕折叠屏智能手机和车载视频终端，各种超清视频会给用户带来更充分的视听享受。

凭借 5G 技术，VR 和 AR 即将成为新的媒体传播方式，真正实现普及。“5G+VR、AR”不但能充分满足用户的参与感，而且能让用户切身感受直播现场的氛围，从根本上扩大影响、渲染力度。5G 网络的“高速率、低时延”特性满足了 VR 和 AR 的需求，可以有效解决 VR、AR 无法交互、分辨率低、延时过长、易使观看者头晕等技术制约，使虚拟场景和现实场景得到完美融合。

在 5G 技术支撑下，以虚拟现实为代表的全新的媒体业务将迎来爆发式增长，人们可借助 VR 技术瞬间“抵达”新闻现场，并进行 360 度全景审视，减少报道过程中的信息衰减。

2018 年 5 月 17 日，国内首场 5G 全景直播在杭州举行，展示了 5G 传输技术与虚拟相机摄像头多机位现场直播相结合的 VR 直播，播放了欧洲足球冠军联赛和美国奥斯汀音乐节的现场视频，使观众感受到了无与伦比的虚拟现实感官盛宴。

通过 5G 全景直播，观众不但能用常规的电视转播视角看比赛，还可以追随特定运动员的脚步，以运动员的视角体会现场情况，连运动员的喘息、碰撞、动作都清晰可闻，如临其境。

在 2019 年的北京世园会、国庆大阅兵、上海进博会等重点报道中，新华社等机构已开始尝试运用“5G 背包 +4K/8K+VR”进行全景超高清直播报道。

据预测，5G 时代到来后，人们足不出户就可以环游世界，置身异国的体育赛事现场，跨越重洋观看演唱会，感受到瀑布倾泻而下的巨响和水雾扑面的凉意，体验“我也在这里”的感觉。而AR技术可以将文本与音视频等多维信息相“叠加”，大大提升新闻报道的广度和深度，给读者以全面的信息感受。

基于5G技术的新闻云采编系统，可以帮助专业记者在新媒体环境下快速采集信息、快速编辑新闻、快速发布。以往记者采访写稿往往需要带着电脑、摄像机、录音笔等众多专业设备，而在5G时代只需要在手机上安装云采编的APP，便可以收集素材、拍照、制作视频，随时随地完成新闻的采访和写作工作，完成后一键回传给后方编辑部，极大地简化了新闻生产流程，提高了记者的工作效率。

更重要的是，5G完全支持以用户为中心的定制化服务，将深刻改变新媒体服务用户的方式，实现“人在哪里，现场就在哪里”。未来的新媒体可以在瞬间为用户打开新世界之门，呈现海量而逼真的信息资讯，新媒体将真正成为人们生活中不可或缺的一部分。

当然，5G相关产业链的发展与完善仍需一定时日，对广大普通用户来说许多功能的实现也需要一定时间的等待。5G技术为新媒体的各类应用提供了硬件基础，但要真正实现全面应用，仍需要媒体内容制作、分发、呈现等全产业链升级和深度融合。

以内容制作为例，目前5G高清视频直播基本采用无人机航拍方式，直播的最大时长取决于无人机电池的续航能力，直播效果取决于无人机摄像设备的性能。5G可以支持8K分辨率画面以及VR/AR视频信号的传输，但8K、VR/AR产业链仍未成熟，导致此类视频节目源稀缺，许多应用无法得到很好的展现，这些瓶颈问题期待在不远的将来得以解决。

小贴士 新媒体与5G结合可以视为内容和技术的完美组合，新媒体的优质内容为5G技术注入灵魂，而5G则提供更丰富、更新颖的呈现形式。

本章小结

数字化生存理论认为，人类将生存于数字化活动空间，在这个空间里，人们应用数字技术从事各种活动。

互联网是一种产业基础和创新模式，缔造了新的产业形态与业态，推动传媒的快速发展。移动通信技术直接推动媒体行业的发展，5G 技术为媒体提供更丰富和更新颖的内容呈现形式。

物联网技术使媒体获取和加工信息的方式更多样、更快捷。大数据与云计算技术帮助媒体更加了解读者和观众，根据市场需求调整传播方式、时机和内容。人工智能技术将极大提升用户的体验性和使用愉悦性。区块链技术有助于媒体明确新闻来源、保障版权、有效分配收益。

引申思考

1. 你对哪项影响新媒体的新技术印象最深刻？
2. 媒体工作者如何借助新技术兼顾工作与生活？
3. 对已经到来的5G时代，你觉得符合预期吗？哪些事情可以变得更好？

第三章

新媒体在中国

新媒体改变中国

近年来，国内一些研究者根据各年度大事，提出了“移动新媒体元年（2012）”“新媒体融合元年（2014）”“新媒体视频元年（2015）”“新媒体洗牌元年（2017）”等概念，反映了我国新媒体迅速成长的现实。

中国社会科学院新闻与传播研究所、社会科学文献出版社发布的《中国新媒体发展报告（2020）》显示，新媒体已成为中国网民获取新闻信息的重要渠道，人们倾向于通过微信、微博、抖音等新媒体渠道获取信息，半数以上的中国手机网民装有新闻客户端，养成了休闲时间“刷”新闻的习惯。54.6% 的用户关注新闻资讯是否有音频、短视频、视频、直播等展现形式。

我国新媒体的出现依托于互联网产业的蓬勃发展。我国是全世界网民最多的国家，从中国互联网络信息中心数据来看，截至 2020 年 3 月底，我国互联网普及率已达 64.5%，在线人口规模达到 9.04 亿。其中，使用手机上网的人数为 8.97 亿；人均每周上网时长达到 30.8 个小时；在线新闻用户达到 7.26 亿，搜索引擎、在线音乐、即时通信、在线购物、在线视频、在线支付、在线政务、网络教育、在线会议等用户规模都有大幅度的上升。

经过多年发展，互联网已经作为一种新的基础设施渗透进我国各个行业，移动互联网成为主流上网方式，网络购物、网上支付、论坛、社群等互动行为改变了人们的生活和工作习惯。

互联网产业在与新的行业需求相结合后会帮助传统企业变得更强大，即所谓的“互联网 +”，深刻影响着人们的生活和工作方式。随着互联网与新媒体技术的迅速发展，新媒体产业与其他产业的关系越来越密切，新媒体与高新科技、资本相互吸引、相互推动。

新媒体首先改变和颠覆的就是媒体产业，在信息的维度上逐渐演化出了门户网站、搜索引擎、视频网站及微博等媒体平台，以智能手机、平板电脑为代表的移动终端直接介入人们的日常生活，网络新闻应用已成为中国网民了解信息的重要平台。今天，越来越多的人离开纸媒报刊甚至不看电视，主要从手机屏幕上获得外界信息。

新媒体重构了人们日常生活中的社会互动，迅速改变了信息传播的方式。智能手机的普及带来了碎片化的阅读习惯，而网络新闻篇幅短小、更新快、形式丰富，是最适合碎片化消费的网上内容之一，推动了新媒体传播机构的兴起。各家媒体瞄准移动用户市场，开发制作了大量手机客户端应用，方便手机网民随时随地阅读新闻、娱乐和社交，进一步培养巩固了网民的新闻阅读习惯。

其次，新媒体改变了通信产业，演化出的BBS、QQ、微信等社交媒体产品，冲击了通信运营商的传统地位。如微信推出后，通信运营商的即时通话、短信等业务大幅萎缩。

随后，新媒体因其传播属性推动了网络直播、网络综艺、网络影视剧、网络游戏等娱乐产业的发展，成为影响年轻人生活方式的重要手段，造就了新的娱乐产业格局。

中国互联网经过几年高速发展，如今进入了一个瓶颈期，网民规模的年增长率从十多年前的50%以上逐年递减到5%以下，用户单日使用移动设备的时长已近上限，互联网应用必须通过优质内容和服务才能从用户那里赢得更多使用时长。预计未来中国新媒体产业的发展速度将放缓，产业整体将走向以内部结构调整和优化促发展的阶段，农村成为新媒体发展的新“蓝海”。

小贴士 互联网已远远超出通信和信息产业的主航道，推动了多个产业的裂变，甚至影响到商业、娱乐、政治等领域。

关于新媒体在中国的发展历程，2005年中国人民大学教授彭兰出版的《中国网络媒体的第一个十年》一书，将中国网络媒体的发展阶段划分为以下五个时期：

1. 1994—1995 年，诞生阶段。

2. 1996—1998 年，初期发展阶段，老百姓开始接触到互联网。

1996 年起，央视网、人民网、新华网、网易等新媒体诞生，开创了中国的新媒体时代。其中央视网成为第一家中央新闻单位网站。

1998 年，搜狐网、新浪网诞生。此后一大批依赖国外风险投资的互联网站纷纷成立，很多网站的内容集中在电子邮箱和新闻领域，竞相投资博眼球，客观上起到了普及互联网和新媒体的作用。网民开始经由网站来了解信息，在网站范围内进行交流和沟通，属于单向传播。

3. 1999—2000 年，迅速发展阶段，其标志为中国三大门户网站搜狐、新浪、网易在美国纳斯达克挂牌上市。门户网站所发布的原创内容持续造成轰动效应。

2000 年，全球股市互联网泡沫破碎，大量高科技企业破产，直接影响中国互联网行业发展，许多网站难以为继。

4. 2001—2002 年，网络媒体开始规模化运作。

2001 年春，腾讯 QQ 在线人数突破 100 万，注册用户达到 5000 万。搜狐于 2002 年率先宣布盈利，宣告新媒体具有市场生存能力。此时 QQ 开始流行，逐渐成为年轻人之间交流和沟通的形式，腾讯公司以 QQ 为基础发展了很多信息传播方式，例如，QQ 游戏、QQ 空间和后来的微信。

5. 2003 年起，中国网络媒体跻身主流媒体。

2003 年开始，网络论坛兴起，很多网民在论坛平台上发布信息、观点，了解彼此需要，实现了以平台为基础的信息交流。近年来，微博与微信不仅是一种高效方便的信息传播形式，个人的交流平台，同时也成为政府部门颁布政策信息的重要途径。

2008 年北京奥运会，新媒体首次作为奥运会独立传播机构与传统媒体一起被列入奥运会的传播体系，手机等终端设备被正式用于赛事转播，充分表明了新媒体的商业价值。

中国新媒体行业历经变化，早期的三大门户网站在企业规模和影响力上逐渐被后起的三大科技企业百度、阿里巴巴、腾讯（按首字母合并简称 BAT）所超越。BAT 的主流业务分别是搜索、电商、社交，但随着规模扩大，逐渐转变成综合性的“科技—媒体”金融集团，成为中国新媒体行业的中坚力量。2012 年后，今日头条等后起之秀陆续创立，开始在多个领域紧追 BAT，其发展势头更为迅猛。同时，美团、滴滴打车等应用软件平台以其海量用户和信息传递，被视为未来的“产业—媒体”综合平台。

小贴士 2008 年后新媒体开始快速发展，现已成为人们发布信息、获取信息、交流互动以及民意表达的重要平台。

对新媒体的发展，国内学术研究机构和管理部门都保持了密切关注。中国社会科学院新闻与传播研究所、社会科学文献出版社联合发布的《中国新媒体发展报告》是国内第一部全面关注中国新媒体发展的系列年度报告，自 2010 年起每年推出。该报告在 2013 年提出，移动化和融合化成为中国新媒体发展的主要原则。2020 年，该报告进一步提出，新媒体发展已成为我国传媒业的主导力量。

百花齐放，争奇斗艳

现在，新媒体已成为中国人发布和获取信息、交流互动、谈话合作、表达民意的重要平台。年青一代的 80 后、90 后、00 后已经习惯于通过网络社区及社交媒体了解社会、进行社交，新媒体展现了强大的媒体话语主导力。

我国新媒体的种类划分目前尚无统一标准。如按照运作主体，可以将新媒体分为六大类：

第一类：政务新媒体。即各级政府直接运营的新媒体，最常见的形式是微博、微信公众号、今日头条。中国互联网络信息中心数据显示，截至 2019 年 12 月，各级政府共开通政务微博 13.9 万个，政务头条号 8.29 万个，政务抖音号 1.73 万个，政务微信公众号超过 10 万个。2019 年全年，百度移动端政务服务搜索量达 201.97 亿次。2019 年 11 月，国家政务服务平台整体上线，联通了全国各省级单位和国务院各部门，为政府和社会各界提供广泛的在线服务。

政务新媒体在危机处理、政府形象和公信力建构、正确报道社会事件等问题上发挥了重要影响，已被社会各界广泛视为最直接、最权威的信息来源之一。2020 年，新冠肺炎疫情成为政务新媒体建设的实践场和检验场，收到了良好效果，发挥了信息的权威发布和证伪功能，有效支持了各地的防疫和政务服务工作。

第二类：企业新媒体。这里指企业开办，用以宣传自身品牌和产品服务、加强与消费者沟通的新媒体。2018 年企业微信公众号数量超过 2000 万个。

新媒体形态正不断推陈出新，随着智能手机的普及，移动 APP（智能手机应用程序）的应用空前活跃，2019 年 12 月，我国市场上活跃的 APP 达到 367 万款，其中本土开发的达 217 万款。

很多企业开始“不务正业”地干起了类似媒体的工作，通过开发自己的 APP 和消费者深度互动，进行信息传播与分发。企业最初只是将 APP 作为宣传和营销手段，在积累了规模用户数量后开始与用户频繁互动，所产生的信息流及对社会生活的影响毫不逊于普通意义上的媒体。

淘宝、天猫、京东等购物 APP 本身属于电商工具，并非新媒体产品，但其各类产品都具有鲜明的信息与社会交往特性，契合人们的社交需求，满足人们对畅通、明晰和便捷信息的渴求，在新媒体创新的探索中充当着先行者的角色。人们普遍认为，获得规模用户的企业 APP 未来有可能演变成为新媒体。

2020 年 7 月，手机淘宝 APP 用户数量达 7 亿，仅次于微信和 QQ，超过了绝大多数媒体的读者数量。智能手机生产商小米从硬件平台入手，短时间内聚集了2亿用户，通过“小米营销平台”与其发生互动，积累了海量数据，并进一步加强内容建设。一些服务媒体的科技企业如科大讯飞、猎豹也开始推出广告平台，覆盖终端用户。有人预言，那些“似媒体非媒体”的产业终将转变成新型媒体。

表3-1　2020年7月主要APP用户数量（数据来源于易观分析所）

排名	APP	活跃用户（万人）
1	微信	99403.9
2	QQ	77997.1
3	支付宝	75719.5
4	手机淘宝	74765.9
5	爱奇艺	64965.4
6	抖音短视频	61282.6
7	腾讯视频	55331.8
8	拼多多	50042.6
9	快手	46977.9
10	新浪微博	44561.9
11	高德地图	43888.6
12	百度地图	41976.9
13	百度	39049.3
14	优酷视频	37570.3
15	搜狗输入法	35364.2
16	WiFi万能钥匙	33615.3
17	今日头条	32831.0
18	QQ浏览器	30351.9
19	京东	29012.4
20	腾讯新闻	28592.9

第三类：新闻资讯类新媒体。种类繁多，既有传统意义上的新闻门户网站腾讯、新浪、搜狐、网易、凤凰网等，也有内容专一、聚焦小众的新媒体，如关注游戏、动漫、时尚、运动、美食、影视、艺术、家居生活等领域的资讯媒体。

新闻资讯类新媒体的一种重要形式是传统媒体进军新媒体所产生的融合媒体。2017 年，全国出版报纸 1884 种、期刊 10130 种，以及数以千计的广播电视机构，由此产生的新媒体数量也极为可观。出于职业敏感，我国传统媒体参与新媒体建设的时间较早，在新媒体平台上利用独家新闻与市场化媒体一起竞争。2014 年起，传统主流媒体积极投身媒体融合，开辟了建设新媒体的新浪潮。

第四类：新闻资讯平台。新闻资讯平台是在新闻资讯类新媒体的基础上诞生的一种新的新媒体产品，主要由各大门户网站及科技企业设立，用于各类资讯的分发和个性化定制。

新闻资讯平台将源于报纸、杂志、电视、网络等的众多资讯内容，聚合到一起后按照用户意愿进行个性化发送，满足用户基于不同阅读兴趣的需求。它拥有强大的分享功能，打通多个社交媒体平台，可将任何内容通过电子邮件、短信、微博、微信、QQ 等转发分享。

常用的新闻资讯平台按经营主体包括：字节跳动系（今日头条、抖音视频、火山视频等）、腾讯系（微信、QQ、腾讯视频、腾讯新闻等）、百度系（百度搜索、百家号等）、新浪系（微博、新浪网）等。

第五类：社会组织新媒体。包括学校、医院、专业机构、社团组织、慈善组织等，一般将新媒体用于自身宣传和与用户互动，或是为用户提供专业服务。

第六类：自媒体。由于门槛低，需求量大，自媒体一直是迭代演化速度最快的新媒体形式，2017 年数量已突破 300 万个，吸引投资 50 亿元以上。很多知名人士、媒体从业者、自由职业者纷纷开辟自媒体。一些传统媒体人“下海”后转战自媒体，将其视为个人自主创业的一条新途径。

从组织规模上来说，由于用户流量、销售收入有限，多数自媒体的规模不大，成熟的自媒体也仅百人左右，以轻资产的形式生存。

在人员素质方面，很多自媒体并不看重从业人员是否经过新闻专业训练，也没有将新闻专业采编技能放在入职培训最重要的位置，可能会更在意人员的沟通交往、行业经历和电脑操作能力。这既有降低入门门槛、利于加强用户交流的一面，也影响了从业人员的新闻专业素质。

此外，从内容建设角度，可将新媒体分为新闻媒体、新闻资讯平台、社交媒体、视频媒体、自媒体。

从所有制性质角度，可将新媒体分为党政媒体、企业及事业单位媒体、社团机构媒体、个人媒体。

从经费来源和营利需求角度，可将新媒体分为营利型和非营利型媒体。

小贴士 新媒体的分类并非唯一，随着自身发展变迁可能会出现全新的形式。

垄断的阴影："恐龙时代"来临？

与传统媒体不同，我国新媒体产业的发展呈现明显的融合性、竞争性和变动性。随着产业格局的变化，是否会出现寡头垄断信息传播的争议也一直存在。

我国科技企业在新媒体的发展方面作用显著。早期搜狐等新媒体的资金来源是国外风险投资，近年来以阿里巴巴为代表的 BAT（百度、阿里巴巴、腾讯）等科技企业成功实现了上市、造血、投资扩展自身产业链的正向循环，为有效补齐业务生态链的媒体短板，纷纷通过投资介入新媒体经营，搅动了媒体行业原有格局。

以 BAT 为首的平台型科技企业在境外上市，资金与技术力量雄厚，商业操作能力和综合实力明显高于大多数传统媒体和新媒体企业，在中国的新媒体产业中占据绝对主导地位。

据不完全统计，阿里巴巴集团仅在2012—2015年的三年里，通过直接、间接、关联公司、个人入股等各类方式，将24家媒体纳入麾下或战略入股，并与多家媒体传出联姻绯闻，俨然已成为一个庞大的传媒帝国。

2012年，阿里巴巴战略入股社交媒体陌陌，后陌陌在美国上市。

2013年，阿里巴巴收购新浪微博18%的股权。

2014年3月，阿里巴巴收购文化中国60%的股权，其业务有影视制作、手机游戏、电视广告、报纸杂志。后更名为阿里影业。

2014年4月，阿里巴巴以65亿元收购华数传媒40%的股权。

2014年4月，阿里巴巴和云锋基金宣布以12.2亿美元认购国内最大的视频网站优酷土豆，后阿里巴巴全资收购优酷土豆剩余股份，回归国内资本市场。

2015年6月，阿里巴巴投资12亿元入股第一财经。

2015年9月，阿里巴巴与财讯集团、新疆网信办联合组建“无界新闻”。

2015年10月，阿里巴巴子公司蚂蚁金服战略投资创业媒体平台“36氪”。

2015年10月，阿里巴巴与四川日报集团联合创办封面传媒。

2015年12月，阿里巴巴收购有112年历史的香港《南华早报》。

2018年，阿里巴巴对传媒业投资加速。据清华大学《中国传媒产业发展报告（2019）》估算，当年投资超过65笔，总金额超过5400亿元，其中传媒业包括华人文化、分众传媒等国内有影响的传媒机构。

据相关分析，阿里巴巴投资传统媒体的目的是希望利用新技术和新思维来改造传统媒体，改变原有内容生产方式和表现形式，贡献优质内容，结合阿里巴巴自身拥有的巨大用户流量，对接相关商业资源，从而形成一个新的内容生产—消费—生产的内容生态循环。这种做法一旦成功，传统媒体以及实力较弱的新媒体都将难以匹敌。

此外，腾讯等科技巨头也一样大力投资媒体，腾讯入股网络问答社区知乎、《成都商报》报业集团、财新传媒集团及多家省级新闻门户网站，构筑了自己的“舆论要塞”。腾讯仅在2018年就投资了快手、虎牙、斗鱼、趣头条、梨视频、B站、喜马拉雅等多家知名直播、音频和视频网站，牢牢占据了视听媒体的一线位置。

近年来，我国互联网与传统行业的融合不断加深，不仅体现在各类传统行业对互联网的应用上，更体现在传统行业通过互联网进行发展模式的重塑，实现“互联网+”。信息化建设与实体经济融合进一步深化，互联网企业对经济发展的贡献值不断加大，与包括媒体在内的不同行业间实现了信息分享与协同发展。

中国互联网企业已具备同世界领先的互联网公司竞争的实力。腾讯、阿里巴巴、百度稳居全球十大互联网公司之列。同时，在全球前20大互联网公司中，蚂蚁金服、小米、京东、滴滴快车也榜上有名。

截至2019年12月，中国境内外互联网上市企业135家，总体市值11.12万亿元人民币，全球市值前30位互联网公司中有9家是中国企业。凭借上市所获得的资源，中国互联网企业逐步缩小与世界顶尖企业的差距，以龙头产品进行海外业务延伸，同时也注重在新媒体市场的拓展。

新媒体的融合性是由自身不断融合的发展模式和时代案例所决定的。互联网巨头以丰富投资重构了融合的模式，使得新媒体产业上下游产业链之间和各环节之间不断渗透、整合，加剧了产业链和各环节的竞争和重组，产业的竞争性更加激烈和突出。而与这些财大气粗的平台相比，传统媒体在新媒体领域的布局显得较为局促。

值得关注的是，一些科技企业投重金建设新媒体，在“跑马圈地”后热衷于“流量变现”，即通过广告、电商、内容变现、用户信息开发等手段快速回收资金，将媒体应尽的社会责任放在一边，引起了舆论的关注和忧虑，也对相应管理体制提出了新的挑战。

从企业经营角度而言，阿里巴巴、腾讯等互联网巨头试图将坐拥的海量商业数据和媒体资源有机结合，发挥出更大的商业价值。从媒体合理运营角度而言，这种情形引起了部分人士的担忧。会否出现恐龙式巨头对信息资源的垄断，从而损害社会公平与稳定？有看法认为，政府部门需要科学地制定新媒体产业政策，引导有关方面合理打造新媒体生态产业链，消除部分平台“大而全能”可能的消极后果。

小贴士 互联网企业依靠雄厚的资金实力进军新媒体，在社交媒体、视频网站等领域取得了重要进展，改变了新媒体生态，但也给有关监管部门提出了新的课题与挑战。

各领风骚：微博、微信、今日头条

新媒体打破了传统的媒体传播格局，形成了多元化的话语渠道。然而，尽管产品形态多样，但截至目前，微博、微信、今日头条是用户数量最多、人们最熟悉的新媒体工具，值得认真研究和关注。

微博是社交软件博客（Blog）的一种形式，特点在于篇幅更短、内容更细微。2009 年，新浪网率先在中国推出了微博服务，被称为中国版的推特（Twitter）。

注册新浪微博之后，每个用户便有一个自己的主页（即个人空间），可以通过电脑、手机等多种终端在空间里发布文字、图片、视频等信息。用户可以关注任何其他用户，及时获取其任何更新的信息并发表评论，与之互动，具有传播速度快、传播成本低、传播范围广泛的特点。

微博为每一位用户提供了发声的机会，受众可以进行双向或者多向沟通交流，弥补了传统媒体传播速度较慢、可选择性差等问题，在一定程度上改善了社会话语的格局。此后，腾讯、搜狐等门户网站纷纷推出微博服务。

为有效识别信息发布者，新浪微博推出了特有的“大 V”认证体系。

在新浪微博上开通账号的知名个人名称后标注金色英文字母“V”，这些知名个人包括明星、专家、官员、企业家等，俗称“大V”（VIP贵宾之意）。截至2019年8月，新浪微博“大V”达到5.9万，其门槛为粉丝规模50万或月阅读量1000万以上。开通公共账号的机构名称后则标注蓝色英文字母“V”，俗称“官微”。

2010—2012年，微博的知名“大V”在诸多重大舆情事件中充当了搅动网络舆论的主力，具有左右事件走向的影响力。但也有一些“大V”不能正确对待自己的知名度，出现了不当行为，受到法律制裁。

新浪网在国内以新闻采集起家，丰富的新闻资源卖点最终帮助其获得了最多的微博用户。2014年3月，新浪微博将“新浪”二字去掉，直接冠名“微博”，显示了在中国市场对微博的垄断地位。2014年4月，微博在美国纳斯纳克上市，成为全球首家上市的中文社交媒体。

在微博中，用户掌握着信息传播和获取的主动权，根据个人的需求来选择想要关注的内容。关注明星的可以获知对方的一言一行，关注时事的可以随时跟踪重大事件的每一次信息发布，热爱生活的可以从别人那里学到居家过日子的小窍门，总之是各取所需，每个人都能享受关注与交往的快乐。

国内近年来很多热点事件都发端于微博，在微博上逐步发酵之后形成热点话题，然后才被传统的媒体机构所关注，进而跟进报道。以2014年马航MH370事件为例，“马航”这个关键词的讨论量一天时间就增加到170万条。

2015年10月，青岛交通广播FM897微博爆料，某网友在青岛一家大排档吃饭时发现，大虾不是38元一份，而是38元一只，被称为“天价虾”事件。此宰客事件立即引发大规模声讨。此后，国内其他省份也不时曝出类似涉嫌价格欺诈、违反明码标价及侵害消费者权益的宰客行为。“青岛大虾”一时成为负面形象的代名词。

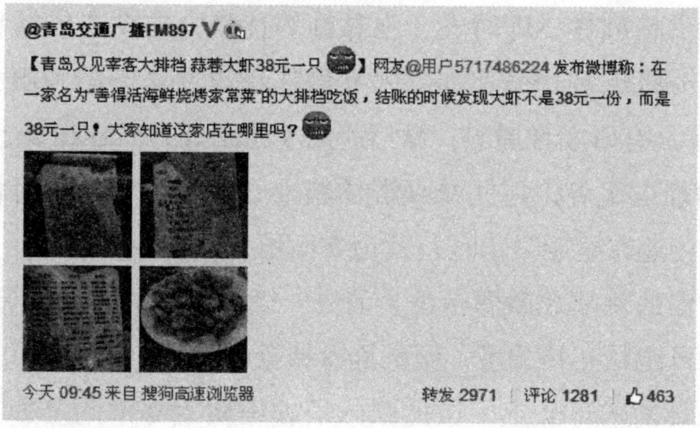

2015 年 10 月，引发社会广泛关注的"青岛大虾"微博

从历次重大事件后各种媒体平台的表现来看，微博成为重要的信息传递通道，人们可以通过微博了解到事件各相关领域的信息，其全面性、及时性、用户互动性，令其他媒体形式难以望其项背。

2012 年以后，中国互联网监管加强，早期的"大 V"们逐渐隐去，微博的网民使用率一度从 54.7% 下滑到 33.5%，后有所回升。截至 2020 年 3 月底，微博月活跃用户达 5.5 亿，日活跃用户达 2.41 亿。

微信（WeChat）是腾讯公司于 2011 年推出的一款互联网社交产品，一经推出便获得了巨大的成功，用户增加人数之快超过了国内此前的任何一款互联网产品，其创始人张小龙也一跃成为知名人物。微信崛起后，以往在微博中发生的社交关系有一部分迁移到了微信，再一次改变了新媒体信息传播的格局。

利用互联网络，微信可以让用户和好友免费通话、发送信息、共享照片，也可以通过朋友圈的更新与多位好友进行互动。截至 2020 年 3 月底，微信月活跃用户达 12.025 亿，成为全球下载量和用户量最多的通信软件。

同是依赖于社交关系而传播，相较于微博的公开传播性，微信更注重于认证朋友间的日常通信联络，具有更好的隐私保护。除信息沟通以外，微信还融合了支付、游戏、购物、理财等功能，但最根本的功能还是集中在聊天和朋友圈两个核心传播功能上。

微信凭借精准性、即时性、强黏性等优势，在商业传播领域备受青睐，推动了一批人利用微信向熟人和潜在用户发送产品和服务信息，被称为“微商”。有研究者提出，微信应用于营销具有内容优势、成本优势、受众优势和推送优势，那些受众群体精准、区域化经营和经常举办各种优惠活动的企业在运用微信进行营销方面更有优势。

面对微信的挑战，微博是否会消失？微信确实分流了部分微博用户，但是二者最可能是互补关系，而不是零和竞争。

在信息传播的方式上，微博跟微信在本质上有不同之处。关于两者的区别，有一种比喻很形象：微博是“先看后发，低头猛刷”，这是说微博在大众传播和双向沟通上的优势明显，每个人可以随时在网络当中进行公共传播，对传统媒体是一大挑战。而微信被戏称为“一方有难，八方点赞”，即更加侧重于个人之间的沟通，可以随时把亲朋好友以及和自己有共同兴趣、爱好、利益的人拉进同一个群里面，这种私密沟通特色比较适合自上而下传递信息的传播渠道，发布的信息更有针对性，也因此有一定的局限性。

因为截然不同的工具属性，人们对二者有着截然不同的体验。微信是聊天工具，朋友圈里热闹温馨。微博消息灵通，热门资讯立刻会有人围观和传播。对于传统媒体来说，微信账号的开通等同于多了一个社交媒体的发布渠道，其他平台上的新闻内容稍加调整组合便可以在微信平台上加以发布。

除微博和微信之外，近年来有影响力的新媒体产品也不断涌现，如今日头条、知乎、哔哩哔哩（B 站）等。

知乎是一家创立于 2011 年的社会化问答网站，产品形态模仿美国类似网站 Quora，即用户可以自如地提出问题、创建和编辑话题，并鼓励具有相关案例和经验的用户提供高质量的作答，也可以将相应知识更高效地编辑组织起来，针对更大范围的用户发挥更长远的价值。用户在知乎社区还可以关注自己感兴趣的人，通过评论、回复、赞同等互动形式，建立更深入、更真实的人际关系网络。

知乎经营者围绕知乎网络社区开发了知乎日报APP、读读日报APP、知乎周刊、知乎周刊Plus、系列电子书及出版物等，长期目标是把知乎打造成为一个以知识平台为核心的生态，建设可持续发展的内容网络和专家网络，帮助人们实现生活、工作、学习和创新场景中的需求。

哔哩哔哩（bilibili）是国内知名的视频网站，创建于2009年，又称“B站”，是众多网络热门词语的发源地之一。其最大的特色是悬浮于视频上方的实时评论功能，被称为“弹幕”。

截至2019年3月，B站拥有近亿用户，受“二次元文化”（动漫虚拟世界）影响，内容多为动漫及衍生内容，反映千禧一代年轻人的文化消费趋向，具有很深的用户黏性，被称为国内最受年轻人青睐的网站。

今日头条创建于2012年，是字节跳动公司推出的一款基于数据挖掘的信息推荐引擎产品，是国内移动互联网领域成长最快的产品服务之一。今日头条的最初定位为“不做新闻生产者，只做新闻搬运工”，核心是通过机器算法精准匹配用户需求，做“千人千面”的个性化资讯分发。电脑软件取代了传统意义上的新闻传播把关人，打造出一个高效的信息分发系统。

当用户登录今日头条时，它能在5秒钟内解读使用者的阅读兴趣，在用户每次操作后10秒内更新用户模型。用户使用时间越长，今日头条越熟悉用户，从而能根据每个用户的兴趣、位置等多个维度进行个性化、精准化的阅读内容推荐，推荐内容不仅包括狭义上的新闻，还包括音乐、电影、游戏、购物等资讯。从核心层面来说，百度是“帮人找信息”，今日头条则是“把信息匹配到人”。

2017年后，字节跳动开始借助今日头条的影响横向扩张，布局短视频、问答、知识付费等产品。字节跳动凭借可复制的产品能力，以及清晰的垂直类产品定位，推出了一系列用户众多、关注度高的媒体类产品，如火山小视频、西瓜视频、抖音、内涵段子等，并辐射海外市场。截至2020年1月5日，抖音日活跃用户数已经突破4亿，在短视频领域成为领跑者。

扩张的字节跳动系产品迅速引起了微博、百度、腾讯等同行的注意，彼此摩擦不断。2017 年 8 月，因擅自抓取微博自媒体账号内容，微博宣布封杀今日头条账号登录，此后今日头条也开始禁用微博账号登录。今日头条并邀请微博“大 V”和明星入驻，打造与微博几乎一模一样的关注转发粉丝运营体系，使得微博紧急和旗下多名“大 V”签署独家协议，防止内容生产者外流到今日头条。

在社交、在线广告等领域，今日头条与腾讯直面竞争。在信息搜索领域，今日头条与百度发生冲突。今日头条声称遭遇了有目的、有组织的“黑公关”行为，暗将矛头指向百度。2018 年 1 月，今日头条以“百度不正当竞争”提起诉讼。2019 年 4 月，百度起诉今日头条不正当竞争、窃取搜索结果，向其索赔 9000 万元。今日头条则反诉并提出同等数目的索赔要求。

诉讼不断之余，资本市场仍对这个高效的“信息分发机器人”极度看好，2018 年年底今日头条的估值高达 750 亿美元，在互联网领域仅次于已经上市的腾讯和阿里巴巴，高于滴滴出行、陆金所等网络科技新贵，可见受追捧的热度。母公司字节跳动 2019 年全年营收超过 1200 亿元，在数字广告、直播、搜索、知识付费、电商、游戏联运等业务上持续探索，成为海外最受关注的中国公司之一，发展势头强劲。

但是，“今日头条模式”也带来很多问题，自创办以来一直纠纷不断，包括被控著作权侵权、传播色情低俗信息、违规提供互联网新闻信息服务等问题，多个频道都曾因为传播低俗信息被阶段性查封。2018 年 4 月，因发布低俗视听内容，国家新闻出版广电总局责令今日头条永久关停旗下的娱乐社区“内涵段子”，创始人张一鸣为此发表公开信向公众致歉。

小贴士 从备受争议到整改过关，可以视为新媒体在从无到有发展过程中必须逾越的考验与挑战。

为了能给用户提供更多的信息，今日头条逐年增加投入力度开展媒体合作，目前已覆盖大多数中央、省地市级媒体，合作各行业媒体达数千家，在头条可以看到越来越多的优质媒体内容，各级党政机构纷纷进驻今日头条的资讯平台头条号。

由于单一基于兴趣的算法推荐机制弊端渐显，今日头条主动求变，采取“算法推荐＋人工干预”的新型内容分发机制，并加强原创内容生产，在北京、上海、深圳、成都等城市提供线下的内容生产孵化平台，意图将由此带来的分发内容和流量作为日后发展的基础。从根本上说，今日头条的发展策略是“通过算法推荐占领用户时间，从而获取流量，进一步让流量换流量，最后实现流量变现”。

2020 年，字节跳动在海外遭遇巨大压力，一度面临海外市场失守的局面，但整体增长潜力仍相当可观。当年字节跳动整体广告营收达 1800 亿元，作为中流砥柱的今日头条将在其业务版图中继续发挥重要作用。

本章小结

互联网首先改变和颠覆的就是媒体产业，网络新闻应用已成为中国网民了解信息的重要平台。中国新媒体行业历经变化，新媒体用户持续增长、普及程度提高，新媒体应用不断推陈出新，新媒体的社会化水平日益提升。

按照运作主体，可以将我国新媒体分为六大类：政务新媒体、企业新媒体、新闻资讯新媒体、新闻资讯平台、社会组织新媒体、自媒体。

我国新媒体产业的发展呈现明显的融合性、竞争性和变动性。微博、微信、今日头条是用户数量最多、人们最熟悉的新媒体工具。

引申思考

1. 当今新媒体的发展能重现早年辉煌吗？需要哪些条件？
2. 就未来前景而言，哪种新媒体形式更看好？
3. 你对新媒体产品的使用感受如何，更习惯使用哪一种？

第四章

新媒体的监管

泥沙俱下：新媒体带来新问题

在新媒体时代，传播环境越发复杂，信息发布速度越来越快，客户需求更加多样化。为争夺市场份额，获得更多的受众关注，一些新媒体不断在内容、形式和经营上推陈出新，想方设法吸引受众注意，尽最大努力获取生存空间，出现了诸多不尽如人意的问题和消极现象，这就产生了“谁来监督新媒体”的问题。

近年来新媒体发展中所暴露的问题主要有以下形式：

一、哗众取宠，内容低俗

从新闻采编角度来说，媒体所传播的标题、内容、角度等应当符合专业要求，实事求是。从媒体经营角度来说，应当把社会效益放在首位。但在实践中一些新媒体机构反其道而行之，一味炒作低俗内容，满足受众低级趣味，或是肆意夸大扭曲事实，不惜违背社会公德以吸引用户。

为吸引受众的注意力，一些媒体专注于推送明星生活琐事和隐私，或社会中的奇闻异趣，一味满足用户的猎奇心理，甚至编造歪曲事实，误导受众。

为吸引眼球，部分视频网站上的内容越来越离奇，一些内容制作者不惜冒着生命危险表演登高、攀缘、吐火、吞食异物、把玩危险野生动物等。2017 年 11 月，自称“高空极限运动第一人”的视频主播吴某在表演无防护登高时坠亡，引发公众对平台规则缺位、野蛮生长的反思与讨论。

有个名词叫“标题党”，说的是一些网络媒体在转载其他媒体文章时，断章取义、以偏概全地提炼文中某些细节作标题，利用一些敏感、煽动、醒目的字眼吸引受众，甚至不惜扭曲事实、虚假夸大、迎合低级趣味，引起不良后果。这种“标题党”做法近来也有反过来影响传统媒体的趋势。2017年8月，国家新闻出版广电总局专门发出通知，要求规范新媒体采编，抵制假新闻，严防各类“标题党”。

标题本是媒体引起舆论关注的有效手段，“改标题”属于媒体的日常工作。2017年3月，《南方周末》发表《刺死辱母者》一文，反映山东冠县于欢案，初期并未引起广泛关注。随后，网易将新闻标题改为《母亲欠债遭11人凌辱　儿子目睹后刺死1人被判无期》发布。4天后，该条新闻评论留言超过237万条，引发舆论热议，推动了案件进程。6月，该案二审改判被告人于欢有期徒刑5年。

标题欠妥而引起消极后果的情况也屡屡发生。如2016年4月21日，某网络媒体发布自行采编的报道《上海冠生园董事长被猴子弄死》，以调侃的口吻叙述这一悲惨的意外事故，误导了受众对事实的认知。

2016年4月28日，某网络平台在转载新华网报道的《多地整治网约车探索“规范路径”》时，将标题改为《官方：网约车属高端服务不应每人打得起》。改后标题与文章原意完全相反，激化了社会矛盾。

2016年7月25日，某媒体在登载《海教园房价飙2万竟难抢　低价学区房或将绝迹》报道时，将网站首页推荐位新闻标题改为《津500套房竟引千人暴乱》。文章标题使用“绝迹”，推荐位标题使用“引千人暴乱”，用夸大、猎奇性字眼渲染事件。

二、盲目迎合热点，捕风捉影

对于新闻媒体来说，时效性往往被放在第一位。为了迎合受众，有的媒体在没有完全掌握新闻事实的情况下，宁可放出错误消息，也不愿意在消息发布中处于滞后地位，匆忙上阵、捕风捉影地将未经核实的消息发布出去以引领舆论动向。

面对突发事件，很多媒体陷入两难境地，如果跟风参与信息的传播，可能要承担传播谣言的风险；如果不参与传播，又会对自身的利益造成损害，有可能在信息被核实之后，被舆论指责为传播失位。有的媒体为了求“快”，只得放松对消息的把关与核实，结果是用自己的声誉给不实信息做了背书。

2014 年 3 月 8 日，在马航 MH370 航班失联当天，从早上出事到下午 4 点以前，微博上出现了十余条重大的不实信息，如发现失联客机信号、确定坠毁地点等，始作俑者既有新媒体也有官方权威媒体，在传播后基本都由主流媒体进行了辟谣。

受众需要媒体的“及时服务”，关注的是媒体能否满足自身对信息的需要，但是媒体也需要掌握适度原则，牢记真实性是媒体的第一生命，在尊重新闻客观性和真实性的前提下传播受众需要的信息。

三、无中生有，传播谣言

如果说前两者尚有客观原因，传播谣言则具有主观故意性。新媒体的信息空间是虚拟的，用户是匿名的，这既给予用户更多的言论自由，也存在使其放纵的可能。有一部分网络用户热衷于通过新媒体进行肆意谩骂、传播谬论、分享低俗内容，成为谣言传播的土壤。

新媒体如何更好地保护个人隐私、防控谣言传播已经成为重要的现实问题。常见的健康养生、人身安全、财产安全等多种类型的谣言广泛传播，造成网络信息的污染，影响了社交关系的正常开展。

由于缺少合理的信息把关和过滤机制，很多新媒体平台放松了对所传播信息的把关，有的甚至有意识地进行信息包装和炒作，最终沦为“信息垃圾场”和“谣言集散地”，对社会造成了危害。一项针对天猫商家的调查显示，有 64% 的商家曾遭受过网络谣言攻击，谣言给其品牌或店铺造成的经济损失从几百元到上千万元不等。

网民“立二拆四”曾长期在网络上编造、炮制虚假事件和话题，并提供有偿删除信息和发布虚假信息非法获利，2014年11月因非法经营罪获刑4年。他曾编造、散布中国政府天价赔偿动车事故中外籍旅客的谣言，挑动群众对政府的不满情绪；编造雷锋生活奢侈情节，污蔑这一道德楷模完全是由国家制造的；编造一些地方公务员被强迫向红十字会捐款的谣言，攻击中国的慈善救援制度；捏造中国残联主席张海迪有日本国籍，无中生有进行抹黑中伤；等等。

中山大学、腾讯公司共同发布的《2019年网络谣言治理报告》显示，医疗健康、食品安全、社会科学三类是网络谣言的高发领域。其中医疗健康类谣言主要有三大杜撰套路，比如，用“偏方”炮制“药方”的谣言“疟原虫治癌症”，恶意用“经验”替代“科学”的谣言“人体真有最佳睡眠时间表”，以及用害人标题引发公众恐慌的谣言“长期服用维D和钙片会致癌”。食品安全类谣言的套路则包括曲解科学、夸大其词和归因错误，例如“红枣可以养肝补血”。社会科学类谣言的套路有杜撰捏造、哗众取宠，有捏造事实、消费新闻热点，也有无中生有、错误解读。2019年，微信平台共生产17881篇辟谣文章，辟谣文章阅读量1.14亿次。

四、挑动对立，滥施网络暴力

我国目前处于全面深化改革的关键时期，公众参与社会事务、进行意见表达的欲望强烈，尤其是对与公众直接利益相关的环保、反腐、教育、医疗、贫富差距、住房和拆迁等话题，公众参与愿望迫切。一些新媒体为了扩大影响力、引导舆论，在转载与报道中夸大新闻原本含义，煽动受众情绪，造成了不良的社会影响。

很多新媒体以追求点击率、阅读量为目的，在议程设置时为抓住受众兴趣点和关注度，用“标题党”手段抓取受众视线，甚至自己去导演策划争议性议题，导致传播过程中事实的偏离和真相的虚化。一些新媒体利用网民对某些社会阶层的成见，站在主观的角度有倾向性地对特定群体进行道德质问与批评，有选择地忽略群体中正面的声音，对社会的稳定和谐造成了不良影响。

比如，某些“富二代”的违法表现只是个人行为，并不能代表整个群体的表现，但是一些新媒体片面性地报道“富二代”的不法行为，而选择性忽略这一群体积极向上的一面，进一步恶化了受众的情绪，不利于社会的稳定和发展。

小贴士 给社会新闻的主人公贴上“富二代”“官二代”“农民工”“钉子户”等标签，不分是非加以反对，是不良媒体常见的手法。

网络暴力是互联网上出现的新问题，一度较为泛滥，经有关部门加强管控后有所改善。网络暴力是指网民在网络上的暴力行为，是社会暴力在网络上的延伸。新媒体为群众表达诉求提供了空间和渠道，但也有一些网民利用网络的匿名性进行情感宣泄如人身攻击，将媒体的不实报道作为借口滋生事端。

在一些社会事件中，一部分网民根据片面的信息站队到自认为正义的一方，以道德的力量审判对方，通过“人肉搜索”的方式去寻找“凶手”，对其实施网络暴力，侵犯受害者的人身权利和隐私权，还自以为是“替天行道”。

2012 年上映的电影《搜索》，讲的是公交车上“让座”事件所引发的网络暴力。电影中，女主角因为在医院被检查出癌症晚期而受到打击，没有及时给身边的老人让座，这件事被人拍下视频上传到网络，引起网民的口诛笔伐，在网络上对女主角大肆攻击，最终人肉搜索和网络暴力将女主角提前推入死亡。电影的原型便是综合了现实中的多宗网络暴力事件。

值得注意的是，近年来的新型网络暴力花样翻新，已从狭义的语言暴力发展为文、图、视频等全方位攻击，危害日益严重。如一位网民因公开点评某影视作品并发表个人意见，随后就收到大量带有辱骂、侮辱内容的私信。施暴方通过技术手段搜寻到该网民的微博账号和上网的 IP 地址，然后进行持续数月的骚扰。

究其实质，网络上存在一批“黑公关”“网络水军”，即擅长操纵舆论、绑架民意的职业不法团伙，通过网络制造假舆情、策划所谓轰动事件、传播虚假信息、诋毁他人名誉，制造和伪装民意对有关方面和个人施压，达到抹黑竞争对手、抹黑名人及特定群体的目的，以实现商业获利或达到不法目的。

荒谬的是，一些新媒体平台本身并不是网络暴力的发起者，但在报道中出于自身利益与其合作，客观上起到了推波助澜、促其泛滥的作用。一些网络平台“流量为王”的利益机制在很大程度上促进了网络暴力进一步肆虐，也就是围绕某一话题吵得越凶、关注量越大，话题发布者获得的平台返利就越多，这反过来促使一些人故意发布争议性话题、肆意攻击他人，以扩大话题影响力和流量增长。

五、数据造假，伪造民意

如今，某些新媒体与利益方勾结，通过数据造假伪造民意，虚构影响力，欺骗广告商、用户与消费者，为自己或他人获取不当利益，已成为令人痛恨的现象。

伪造民意现象可以追溯到早年的“网络推手”。网络推手是指借助网络进行策划、实施并推广特定对象，使之产生影响力和知名度的人，推广对象包括企业、品牌、事件以及个人等。

网络推手具有存在的价值，如帮助企业利用网络进行自身宣传。但也有一些人以此获利后蜕化为“网络水军”，在各行业领域伪造各类数据和民意，制造虚假繁荣以谋利。

在娱乐圈，近年来为明星“刷榜”“刷流量”的行为屡见不鲜。一些明星的艺术才能乏善可陈，但却凭着数据造假取得较高的知名度，直接获得曝光和工作机会，不仅导致了不良的网络风气，误导了公众，也对其他艺术工作者造成伤害。

2019 年 2 月 23 日，央视新闻频道播出“‘惊人’数据的秘密”的专题，以某些流量明星在社交平台上的“惊人”数据为例，指出其中数据造假比例高达80%。在社交媒体和一些新媒体平台上，某些用户每次发布的普通内容，获得的浏览量或点赞数轻易即能突破百万、千万甚至上亿。这些数据不是由真人刷出来的，而是由机器利用软件刷出来的，严重损害了社会信任体系。

六、四处扒窃，侵犯版权

新媒体条件下，信息内容可在瞬间被转载发送，变成人人可享有的资源。很多新媒体直接抄袭刊发他人版权内容，或是肆意篡改、拼接（俗称洗稿），歪曲作品本来面貌。

这种没有任何原创、类似扒窃的经营方式只能称其为“信息搬运工”，在现实中相当普遍，受害者包括作家、艺术家、媒体等。

2013年3月，《长江日报》刊登著名作家熊召政、池莉的观点，指出多年来其作品的版权被侵犯，90家网站私挂其作品不付一分钱。

不仅作家，知名媒体也屡被侵权。2015年4月，南方都市报社发布版权声明；2015年4月，京华网发布《京华时报报纸及新媒体版权声明》。2016年12月，人民网与多家党报网站在首届全国党报网站高峰论坛期间签署了党报新媒体版权联盟，共同保护自己的知识产权。

2017年3月，全国政协委员、中南影业首席执行官刘春在政协分组讨论会上感慨自媒体平台侵犯版权的现象非常严重。刘春指出，自媒体侵权的范围包括文字、图片及视频等。由于自媒体数量庞大，很多都是小作坊，对于被侵权者来说追责的成本太高，难以彻底追究其责任。

七、操控信息，损害公众利益

针对同一个公共议题或者热点事件，网络舆论会呈现出分裂、割据的状态。在社交平台上，持有相同意见的群体会联合起来，相互声援、相互支持，在交往互动中增强群体的凝聚力，形成了价值共同体和利益共同体，甚至因为舆论声量较大而淹没了其他群体的声音，大有“抱团”的声势。而一些群体由于受教育水平低、思考能力和表达能力弱而处于舆论场的边缘位置。

一些新媒体平台依靠自身的技术优势吸引了大量用户，成为舆论主阵地，但平台本身垄断了信息生产、分发和传播的权力，且容易因为商业属性而将经济利益置于社会利益之上，导致舆论生态失衡。因此，对新媒体舆论的治理也是互联网时代社会治理的一部分。

值得注意的是，部分新媒体平台通过网络收集到了大量的用户信息，包括个人隐私、消费习惯、财务状况等，这些信息一旦被不当使用，将会给用户个人以及公众利益带来不良影响。现实中，用户信息被非法出售利用的事件屡见不鲜，引发了公众对隐私泄露的担忧。

2016年年初，百度血友病吧“被卖”事件引发网民关注，牵引出百度网络社区里多个疾病版块被出售给医院利益相关者的信息。无独有偶，百度搜索误导绝症病人求医的“魏则西事件”引起了网民对百度的舆论问责，许多网民通过主动跟踪、分享信息、互动与评论使舆情快速发酵，最终形成了一致意见，将矛头指向百度的关键词竞价排名机制，认为这直接导致病人被耽误最终失去生命。

2016年6月，国家网信办会同国家工商总局、国家卫生计生委成立联合调查组进驻百度公司，对百度公司提出了多项整改要求。这一事件加速了《互联网信息搜索服务管理规定》的出台。

对于上述问题，当然不能因噎废食，就此限制新媒体的发展，而是要治病救人，从完善监管体制、促进行业自律入手，努力铲除问题产生的土壤，促进行业健康发展，使其更好地服务于社会和公众。

小贴士 作为网络用户，对所谓热传的网络内容要保持清醒，遇事从常识和情理出发，防止成为他人挟裹民意的工具。

案例

诸多舆论事件的真真假假

2015年5月初，一则“女司机被暴打”的视频在网上流传，霎时间成为街谈巷议的热门话题。人们在看过这段视频之后纷纷谴责殴打女司机的男司机。时隔不久，男司机的行车记录视频在网上传开，证明被打的女司机曾随意更换车道，视交通规则如儿戏，对他人的人身安全构成了威胁。舆论的风向因此发生了逆转，不少网友纷纷声讨女司机，强烈要求相关部门处理女司机的不法行为。这是一则典型的新媒体案例下双向传播机制有效整合的案例。

发生在2016年年初的“哈尔滨天价鱼事件”：2月12日，一名常州游客发布微博称，春节期间在哈尔滨松北区“北岸野生渔村”吃饭时被宰，此后《常州日报》与诸多自媒体纷纷报道此事，而涉事店家并不承认宰客行为，松北区官方通报和当地媒体也称饭店是“明码标价”。

2月15日夜间，新华社发文《哈尔滨“天价鱼”追踪：网友所诉属实吗？价格虚高了吗？》，期待有关部门继续调查，尽早给公众一个明白清楚的交代。此后，当事人对官方的一些说法进行反驳，并爆料自己受到骚扰和恐吓。舆情热度进一步升温。

事件的传播范围再次扩展。《人民日报》官方微博连发7条微博，从事件事实、旅游环境治理等角度对事件进行跟踪关注。事件快速发酵，涉事饭店存在的各种问题陆续被发现。

2月21日，当地官方成立的调查组完成调查，认定这是一起严重侵害消费者权益的恶劣事件，做出吊销涉事饭店营业执照，对店主罚款50万元等处罚的决定。

我叫陈岩丨江苏常州市人，手机，微信号[redacted]。今年春节在哈尔滨过年被宰的亲身经历，告诉人家千万当心。我们被导游带去一饭店，北岸野生鱼村，被宰一万多块，2桌，贵不说了，他们玩的乱写鱼的斤两，明明十斤四两，结帐十四斤，其它2种鱼也乱写斤两，结帐时与其理论，店方冲出一大帮人还打我们，逼我们结帐，后我们报警，更可恶的是，110来了竟然和他们一伙，先要带我们走，而且店家的人，当警察面还打我头，110只当不看见，店家监拍可以调出，而且110执法完全不符合法律程序，口叼香烟，和黑社会无二样。最后我们被迫结帐。因为110说，解决不了带双方去所里解决，先拘了，我们害怕，只能听从他们的。真寒心，以下照片为证，希望大家帮我转发下，以免去东北的朋友们上当，受损失。更希望大家帮我转发，讨回公道。谢谢大家。

餐别:晚餐 操作:李[illegible] 人数:20
打印时间:2016-02-09 21:13:32

消费清单	数量	单价	金额
雅罗铁锅炖	5.58	298	1662.84
[illegible]鱼中段铁锅炖	7.65	298	2279.70
鳇鱼中段铁锅	14.40	398	5731.20
花卷	2.00	16	32.00
粉条	1.00	12	12.00
青饼	3.00	28	84.00
白菜	1.00	12	12.00
金针菇	3.00	28	84.00
白菜豆腐粉条	2.00	36	72.00
炸豆皮	2.00	18	36.00
茶树菇	2.00	32	64.00
#果盘	2.00	38	0.00
北大荒42度	1.00	98	98.00
哈啤小1900	3.00	8	24.00
椰汁	15.00	6	90.00
锅底	2.00	10	20.00

赠送金额：76.00

应付金额 10302.00

“哈尔滨天价鱼”事件当事人微博

缚住苍龙：如何监管新媒体

对于上述问题，国内监管体制和部门都面临着严峻挑战。国内相关的管理部门有中宣部、文化和旅游部、工业和信息化部（简称工信部）、公安部、国家互联网信息办公室（简称“网信办”）、国家广电总局等，其中主要负责新媒体信息监管的部门是工信部和网信办。两个部门的监管各有侧重，网信办主要管理网络信息的内容，工信部的管理重点在于网络信息技术。

我国对传统媒体信息的监督管理较为成熟，媒体在国家法律法规框架之下经营，所传播的信息内容按相关要求经审查许可后进行传播，管理者和从业者具有较多的操作经验。但新媒体的传播信息量大、传播速度快、传播成本低、受众广泛，套用以往的管理模式，监管的难度较大，需要研究和完善具有针对性的管理模式。

新媒体信息监管主要面对的挑战有：

一、监管法律体系有待健全

在现实社会中，我国民众已经普遍形成了尊重法律、践行法律、信仰法律的心理基础和法律认同。但是相较于现实社会，网络空间的各种秩序尚处于建构的过程中，网民对于网络空间的法律认同和遵守尚处于较低的水平。因此，必须加强网络立法建设，明确网络空间的法律边界和责任，提升网络空间的法律效力、惩戒警示程度，规范网民的网络言行，营造安全、健康、和谐的网络环境。

新媒体平台既具有私人属性，又具有社会属性。信息的发布和传播都掌握在个体手中，但是信息的交流和共享又可以形成一个公共的平台。因此，新媒体的运作关涉公共利益，伤害公共利益的表达行为应当得到事后处罚。

过去一段时间，我国针对新媒体信息的监管，很多是以部门规定的形式出现，法律效力有限。监管部门在进行新媒体信息管理时缺乏法律依据，对一些概念和职权的界定比较模糊，难以对有关各方的权利以及义务进行界定。

2016年以来，随着《中华人民共和国网络安全法》《互联网新闻信息服务管理规定》《信息网络传输权保护条例》《互联网用户账户名称管理条例》等一系列法律法规的出台、修订和完善，网络实名认证制度、网络安全审查制度和标准体系逐步成形，使互联网的正常秩序和良好环境得到维护，新媒体管理工作的依据日趋明朗。

2018年两会以后，党和国家机构进行了改革调整，包括组建国家广播电视总局和中央广播电视总台，新闻出版署划归中宣部统一管理，重点在于加强新媒体管理、构建多媒体融合发展和加强国际传播能力建设的重要阵地，为做好新媒体管理工作打下了良好基础。

小贴士　通过立法对造谣、传谣者给予惩罚，利用法律手段规范和约束信息的传播，已成为互联网时代的必然之举。

应当看到，我国的新媒体产业还在发展初期，存在问题不足为奇，在加强对传媒业的规范引导的同时，仍然需要扶持新媒体产业发展。在加强监管的同时，要以法律手段给予新媒体充分的自主权，尽量使用相对合理灵活的行政手段。

2008年6月，国内第一家视频网站56网因网站备案手续问题被关闭，一个月后虽重新上线，但日访问量下降80%，在变化剧烈的视频行业迅速沦为配角，第一大视频网站的名头拱手让给了当时的土豆网。此后56网再难有起色，如今已无声无息。

二、监管机制有待健全

新媒体所涵盖的领域众多，传播媒介多样，而多头管理的局面容易给新媒体产业造成管理越位或缺位的现象，影响监管效率。对新媒体信息的监管不可能靠各部门“各管一段”，要依靠跨领域、跨行业的监管部门，针对新媒体特征进行执法，杜绝部门权力交叉或者是监管空白的情况。

对有关部门来说，新媒体信息监管是一个全新的挑战，无论是新媒体信息的内容、传播速度，还是影响范围，都是传统媒体所无法比拟的。需要建立起动态的、实时更新的监管模式，合理划分部门权责，从技术、法律、社会监督、行业自律多个方面形成一个共同监管的局面，实行分层次、分等级的管理模式。

三、监管手段较落后

新媒体条件下每个人都可以成为信息的制造、传播者，加大了信息管理的难度。用传统媒体的“把关人”制度来对海量信息进行审查是难以想象的，靠关键词“过滤”的简单技术手段也只能满足对信息的初级屏蔽，具体有害性质与程度仍需费时费力地人工确认。因此，必须借助新技术、新手段对新媒体信息进行实时监管，重点在于对各种移动终端的使用进行实时监管。监管技术水平的提升要与新媒体产业的发展速度持平，严格监管不利于社会稳定和谐的不良信息，保证人民的切身利益。

近年来，新媒体信息监管部门将加强网络技术作为提升监管能力的核心任务，利用网络技术不断完善网络意识形态监控体系。一方面充分利用大数据技术对网络数据进行整合分析，判断错误观念与思潮泛滥的原因、影响力，便于有关部门针对相关问题做出精准、科学的对策；另一方面通过对国内网络动态实时跟踪，进行正面宣传的引导、负面消息的及时辟谣，营造风清气正的网络空间。

四、强化社会监督与从业人员自律

新媒体信息监管不仅仅是政府部门的事，社会团体、新媒体机构和个人也应当参与到新媒体信息监管中来，因为这关系到全社会和每一个人的利益。

在鱼龙混杂、约束较少的新媒体平台上，普通网民凭借新媒体获取了一定的媒介使用权，然而大部分人仍停留在简单的信息接收和输出层面，舆论声音过弱过散，难以形成强有力的力量。由于缺少信息筛选及过滤机制，很多平台易受到不良声音和集团的误导，最终沦为信息的“垃圾场”、谣言的“集散地”，理性的、代表公众利益的声音往往被淹没在喧嚣的信息海洋中。因此必须动员各方社会力量，一起来承担“把关人”的角色。

对新媒体的社会监督应当有效发挥知识分子、媒体人、各领域专家等阶层的力量，他们承担着较多的社会责任，是介于政府与群众之间的舆论桥梁，具有重要的专业价值和作用。

近年来，有关部门积极完善与网络运营商和新媒体平台的互动机制，积极引导他们宣传正能量，封闭、下架不良思潮与信息，激发他们爱国主义情感与文化认同感，促进其主动践行社会责任，为绿色网络环境出一份力。

案例

不断完善的监管体制

近年来，有关部门通过一系列行动对新媒体加强了管理，相关政策逐步收紧。同时，对于直播、社交传播等衍生出来的互联网信息服务，有关规定更加具体和清晰，执法力度加大。

2015 年 11 月，国家网信办向首批 14 家新闻网站发放记者证，将新闻网站采编人员纳入统一管理。截至 2018 年 12 月，经各级网信部门审批的互联网新闻信息服务单位总计 761 家，具体服务形式包括互联网站、应用程序、论坛、博客、微博等 3765 个服务项。

2016 年 7 月，国家网信办印发《关于进一步加强管理制止虚假新闻的通知》，针对网络虚假新闻对互联网平台加强了管理。互联网平台需要对网上信息管理负主体责任，对自身和来源于第三方的信息均应起到及时监管的作用。

2016 年 11 月，国家网信办发布《互联网直播服务管理规定》，要求互联网直播服务提供者和互联网直播发布者在提供互联网新闻信息服务时，都应当依法取得互联网新闻信息服务资质，并在许可范围内开展相关信息服务。此后，今日头条、快手、B 站、凤凰新闻等知名网站都曾被阶段性下架和整改。

2017 年 6 月 1 日，新的《互联网新闻信息服务管理规定》正式实施。规定明确，通过网站、应用程序、论坛、博客、微博、公众账号、即时通信工具、网络直播等形式向社会公众提供互联网新闻信息采编、发布、转载、传播等活动，应当取得互联网新闻信息服务许可，禁止未经许可或超越许可范围开展相应活动。

规定明确了互联网新闻信息服务的许可、运行、监督检查、法律责任等，并将各类新媒体纳入管理范畴。这就意味着，新媒体一旦“任性”，轻则面临行政处罚，重则面临民事、刑事责任追究。

自我担当：新媒体的社会责任

新媒体接受外界监督的形式更多是事后审查，如何发动新媒体业界自律，鼓励新媒体承担起应有的社会责任，将问题消灭在初始阶段至关重要。出台法规监管、促进新媒体行业自律，吸引行业的领军机构与人物共同制定促进行业发展的行为准则、运作方式，是为新媒体信息保驾护航的有效手段。

首先，新媒体自身要勇于担当，领军人物必须带头负责。作为成功的创业家和公众人物，很多新媒体的领军人物都具有较高的社会知名度和影响力，近年来这些知名人士已纷纷肩负起责任，引导所有从业者认识到：任何一个行业的发展离不开所有行业成员的努力，每一个成员都代表着所在的行业，应当积极参与到行业自律标准的制定和实施过程中，真正为新媒体行业的发展尽一份力。

其次，新媒体平台要建立完善的内容监管体系，全面建立内部控制体系、审发机制、主动辟谣机制、突发事件应对机制、水军识别、黑色产业链信息处置等，确保内部管控全天候、全流程、全覆盖，这是其自身建设必须完成的历史使命。

各新媒体平台的各项监管原则必须透明、公开，要主动向用户解释平台的内容审核政策，说明内容的监管和调整标准，如违规内容的定义、判定标准和处理措施。而对受到负面操作尤其是内容被删除的用户，必须向用户解释删除的原因，违反了哪条规定、举报者属性等，保障其质询和申诉的权利。这不仅是给用户一个交代，更利于治病救人、引导正确的空间氛围。

新媒体平台在内容审核上要加入人工决策的干预，而不是简单地交给自我审查程序。对媒体所传播的内容是否违规的判定是一个需要理解的过程，不同的语境下可能表示截然不同的意义，纯粹的机器算法难以解决，需要加以价值观和伦理尺度的衡量，因此应当采用算法和人工相结合的方式推荐和监管内容。尤其是用户对算法判定结果有异议时，可以申请人工复核。

再次，政府有关监管部门要加大对屡次传播不良信息、内容违规的新媒体平台的曝光，通过适度处罚倒逼媒体严格把好内容关。对于一些资本把持、利益相关方侵入过于严重的媒体，有关部门要采用追惩性规制方式来避免和惩罚其越轨行为，让违法者付出应有的代价，尽量减少对舆论生态造成的危害。

小贴士 每个网络平台、网站、用户都应自律自警，不传播不利于社会稳定和人民利益的信息，抵制消极、低俗的信息内容，共同维护良好的社会环境和媒体环境。

在国家网信办、各相关部门和媒体的共同努力下，新媒体平台上的违法违规内容近年来受到严厉打击，媒体环境明显改善。新媒体平台开始严守“双资质”许可范围，内容生产与分发逐步规范化。媒体开始发挥社会担当，承担主体责任，从单纯随波逐流、追逐热点向旗帜鲜明、采取行动转变，加强了对自身内容的自查自纠。

在宏观调控及平台自律行动下，一度混乱的自媒体的内容生产日渐规范，部分自媒体制造的大量低俗内容、虚假消息等被整治，一批八卦娱乐类微博账号、微信公众号、自媒体平台被关闭，整体资讯环境转好。

互联网治理是一个长期的过程。新媒体在今后的发展中还需要不断增加矫正措施来解决自身存在的问题，以便形成更好更健康的传播环境。相信伴随着相关政策的进一步落实，未来新媒体行业的发展将更加规范。

案例

依法管理新媒体

互联网发达的美国一直重视立法管理互联网。美国是世界上针对互联网立法最多的国家，共有300多部相关法律法规，对互联网的信息分享、信息安全、信息健康等做出了详尽的法律规定。

在抵制低俗内容方面，美国隐私在线联盟（OPA）等行业组织不断推动本行业建立自律机制，保证行业的行为符合法律和道德的准则及要求。另一方面，政府通过教育和技术等手段呼吁公众进行个人自律。比如，通过广泛的公众教育，呼吁家长加强保障儿童不受网络不适宜内容侵害。美国政府并赋予网络终端用户有效的技术和方法，使用户本人自愿地对不适宜网络传播的内容进行有效的规避。

在国家信息安全方面，2010年6月，美国国会参议院国土安全与政府事务委员会通过了对2002年国土安全法案的修正案《将网络作为国家资产保护法案》。该法案规定，美国政府在互联网信息给国家或地区造成灾难性影响的状况下，可以采取措施保护计算机系统，如中断一些网络。该法案扩大了联邦政府在紧急状况下的权力，将国家安全置于网络安全保障之中。

参照美国的管理经验，我国依法管理新媒体的实践不断深入。2017年6月，两部与我国新媒体密切相关的法律法规开始实施。《中华人民共和国网络安全法》第四十七条明确规定：网络运营者应当加强对其用户发布的信息的管理，发现法律、行政法规禁止发布或者传输的信息的，应当立即停止传输该信息，采取消除等处置措施，防止信息扩散，保存有关记录，并向有关主管部门报告。

第六十八条规定：网络运营者违反本法第四十七条规定，对法律、行政法规禁止发布或者传输的信息未停止传输、采取消除等处置措施、保存有关记录的，由有关主管部门责令改正，给予警告，没收违法所得；拒不改正或者情节严重的，处十万元以上五十万元以下罚款，并可以责令暂停相关业务、停业整顿、关闭网站、吊销相关业务许可证或者吊销营业执照，对直接负责的主管人员和其他直接责任人员处一万元以上十万元以下罚款。

重任在肩：各界人士看新媒体

新媒体不仅改变了人们的传播方式、生活方式、工作方式，也对政府决策方式、社会沟通机制、舆论引导方式提出了更高的要求。

一个基本事实是，现在的年轻人大部分信息都通过新媒体来获取，“低头的一代”似乎变得难以接近。此外，公众话语权得到了很大提升，在突发事件的报道中能直接影响报道，有关部门能否引导舆论朝着有利于事件解决的方向发展，成为一个刻不容缓的课题。

对于新媒体的是非利弊，一直以来各界人士观点很多，有呼吁加强监管的，有要求限制使用的，有要求加强与外网隔离的，但不论哪种观点，都看到这一新生事物不可阻挡的一面，认为必须趋利避害、妥善发展。

从经济和技术角度而言，中国新媒体行业发展前景广阔。国家“十三五”“十四五”规划都强调，要面向经济结构转型，重点培育和发展以新一代信息技术为代表的“战略性新兴产业”。其中包括三网融合、物联网、云计算等技术范畴，这些技术领域都是新媒体产业发展的重要支撑，是实现新媒体产业在“十四五”期间保持高速增长的必要保障。

2013年12月2日，《学习时报》发表中共中央党校高新民教授文章《把握好党与新媒体关系》，指出要辩证看待新媒体的“负面”作用：互联网上的确有大量不真实信息，但即使没有互联网，社会生活、政治生活中也有大量非真实的小道消息，只不过传播速度和范围与互联网无法相比。对于虚假信息的遏止可以通过法律规范、行业自律、网民的道德制约来解决。

2014年8月，中央全面深化改革领导小组第四次会议提出了以“先进技术为支撑、内容建设为根本”，推动传统媒体和新兴媒体深度融合的创新发展思路，为党的媒体利用互联网加快创新融合指明了方向。

会议强调，要坚持先进技术为支撑、内容建设为根本，推动传统媒体和新兴媒体在内容、渠道、平台、经营、管理等方面的深度融合，着力打造一批形态多样、手段先进、具有竞争力的新型主流媒体，建成几家拥有强大实力和传播力、公信力、影响力的新型媒体集团，形成立体多样、融合发展的现代传播体系。会议审议通过了《关于推动传统媒体和新兴媒体融合发展的指导意见》，媒体创新融合的顶层设计出台。

2014年由此以“媒体融合元年”为标志写入中国新闻发展史，诸多传统媒体你追我赶，开始介入新媒体领域。人民日报、新华社、央视等中央媒体纷纷加快建设权威主流新闻客户端，“央视新闻”“新华社发布”“人民日报客户端”等百花齐放，形成了微博、微信、客户端多管齐下的新媒体传播新局面。

2016年2月19日，实地调研3家中央新闻单位后，中共中央总书记、国家主席、中央军委主席习近平在北京主持召开党的新闻舆论工作座谈会并发表重要讲话。习近平强调，党的新闻舆论工作坚持党性原则，最根本的是坚持党对新闻舆论工作的领导。党和政府主办的媒体是党和政府的宣传阵地，必须姓党。

针对新的时代特点，习近平指出，随着形势发展，党的新闻舆论工作必须创新理念、内容、体裁、形式、方法、手段、业态、体制、机制，增强针对性和实效性。要适应分众化、差异化传播趋势，加快构建舆论引导新格局。要推动融合发展，主动借助新媒体传播优势。要抓住时机、把握节奏、讲究策略，从时度效着力，体现时度效要求。

中央领导与新媒体的亲密接触，不只是吸引了网民的高度关注，对于全国党政机构和媒体从业者来说更是一个强烈的信号：这是高层对传统媒体和新媒体融合发展的高度认同和有力支持，也体现了对新媒体作用与意义的深刻认识。

本章小结

新媒体的发展伴随着诸多问题和消极现象，如内容低俗、捕风捉影、传播谣言等，产生了如何有效监管的问题。

新媒体的传播信息量大、传播速度快、传播成本低、受众广泛，难以沿袭传统管理模式，需要研究和完善具有针对性的新型管理模式。其中发动业界自律，吸引行业的领军机构与人物，将问题消灭在初始阶段至关重要。

有关方面积极肯定新媒体作用，指出要主动借助新媒体传播优势。要抓住时机、把握节奏、讲究策略，做好有关工作。

引申思考

1. 你关注过网络热点事件吗？有没有事态反转的经历？

2. 有人认为帮人删帖、当“水军”是媒体工作者的合理回报，对此应如何看待？

3. 你对有关新媒体的监管政策和措施有何看法？

第五章

新媒体与意识形态

新的环境，不变的对抗

新媒体环境与传统媒体环境的区别，不仅仅在于媒体工具形式的改变，更多的是媒体传播机制的改变。新媒体环境下的信息传播速度更快、范围更广、互动性更强、传播更方便，给一系列工作带来了影响与巨变，包括意识形态工作。

意识形态是基于基本价值观，系统反映社会经济形态、政治制度和文化模式的思想体系，不同意识形态体系之间存在着思想差异和冲突，集中反映在政党、政权和国际政治关系上。西方国家和社会主义国家的意识形态分属不同体系，具有完全不同的理念，其因制度、阶级、民族、宗教等方面的理念差异而形成的严重对峙局面一直没有改变。

党的十九大报告明确强调："在集中精力进行经济建设的同时，一刻也不能放松和削弱意识形态工作。"放眼国际，从20世纪90年代的"和平演变"到进入新世纪的"颜色革命"，乃至2020年西方一些势力鼓噪的"与中国脱钩"，其实质都是意识形态领域激烈斗争的直接显现。以美国为首的西方国家掌控着国际互联网运行的关键技术、资源以及互联网信息规则的制定，占据着信息传播的支配性地位，并据此对非西方意识形态国家进行渗透。

新媒体的迅猛发展使国际意识形态领域的斗争形势发生了极大变化。放眼全球，诸多处于转型期的国家都处于意识形态上的不稳定状况，而通过新媒体发送的信息在特定条件下引发了人心浮动，加速了局势恶化。

2010年，发生在突尼斯的小贩自焚事件引发了"阿拉伯之春"运动，阿拉伯世界受过一定教育、要求享有更多权利的年青一代通过互联网串联后走上街头，用各种方式表达心中的不满，直接导致多国社会动荡和政权更迭，余波至今尚存。

西方国家一直以来都没有放弃通过网络瓦解、颠覆社会主义国家的企图，这对我国的国家安全造成严重挑战和威胁，其施加的压力会随着中国的和平崛起而不断增大，对峙和斗争在近年来甚至有愈演愈烈之势，对此必须保持清醒的头脑。

新闻舆论属于重要的意识形态组成部分，媒体制作和传播的是信息，其活动属于社会政治活动，对既定的社会政治制度发挥着巩固或动摇的作用，具有上层建筑的属性。任何社会的媒体活动都要受这个社会占统治地位的政治思想及国家政治制度的指导和制约，没有绝对的新闻自由。

美国官方长期以来打着“网络自由”的旗号，肆无忌惮地对我国网民进行意识形态渗透，诋毁、攻击我国主流意识形态，宣扬西方价值观，严重威胁我国网络安全、文化安全和意识形态安全。一些境外势力长期秘密利诱、收买我国国内网络所谓的“意见领袖”，成为其网络舆论代理人，试图以此左右我国舆论导向。

小贴士 意识形态工作离不开宣传，离不开媒体，是与媒体联系最紧密的一项工作。

在我国，意识形态工作面临着很多新问题、新挑战、新期望，亟待正视和提高。

在革命时期逐渐形成的党的意识形态话语体系丰富而健全，有着自身的传统优势和特点。“全心全意为人民服务”“从群众中来，到群众中去”等思想方法展现出强大的威力，凝聚了人心，实现了全国上下对共同发展道路的高度认同。而网络时代的到来打破了传统媒体的主导局面，突破了信息传播的时间、地域限制，信息多元传播主体、价值观念多样化并存，弱化了主流意识形态的权威性。网络空间准入门槛低，主体碎片化，外部政治力量极易乔装打扮混迹其中，造成网络空间的价值观混乱，多种信息泥沙俱下，纷繁芜杂。

在新媒体平台上，一些来自西方的意识形态和理念通过多种渠道四处传播，打着新自由主义、虚无主义等网络思潮旗号，伺机弱化和边缘化中国共产党的意识形态话语权，干扰了国内思想与舆论场的正常秩序，一些负面信息被外部力量所利用，成为挑战主流意识形态的筹码。

在有的社会事件中，一些有影响力的“大V”通过新媒体平台将粉丝聚集起来，抛出挑唆性语言乃至仇恨言论，把事件引导到对国家体制和意识形态的不满上来，甚至鼓动其信徒对抗党和国家机构、危害社会稳定，而策划者则会提前制作各种煽动性的文案进行分发，使事件得以迅速发酵。

近年来的网络上，一些人利用自己专业人士的身份，以貌似中立专业的立场，利用我国部分地区存在的贫富差距、腐败事件，采取夸大事实、无中生有的手段肆意歪曲和抹黑我国的基本制度，攻击党和国家领导人，妄图给人们的思想造成冲击。

必须看到，上述行为对我国网络受众的社会认同产生了不良影响，降低了受众对政府的信任，破坏了人民群众对党的情感。对此，我们绝不可掉以轻心。在现实中，正确认识当前形势，积极加以预防应对，是做好新媒体时代中国共产党意识形态工作的必然选项。

案例

从香港报道看西方媒体属性

西方媒体一直极力否认媒体的意识形态属性，但他们实际上很清楚自身的意识形态属性，更是进行意识形态煽动与渗透的老手。2019年6月以来，香港部分势力组织的“反修例游行”逐渐演化为暴乱，欧美媒体对此一直进行不实报道，煽动受众情绪，借机对特区政府和执法机构进行攻击。

英国《卫报》、英国广播公司（BBC）等欧美媒体都报道了香港警察用枪指着抗议者的图片或剪辑过的视频，将警察面临人身安全威胁的自卫行为刻意歪曲成暴力袭击民众。英国《每日电讯报》网站称，为与警察做斗争，香港的抗议者“不得不”采取创新手段，如设立路障、使用激光笔（镭射枪）等。美国《纽约时报》将示威者咬断警察手指的恶性事件报道为“警官在用手指挖抗议者的眼睛时，手指被部分咬断”。

2019年8月，美国社交媒体推特（Twitter）和脸书（Facebook）宣布封锁平台上的大量账号，称这些账号“散布关于香港示威的假消息”，还称背后是由中国官方主导。推特还宣布停止接受来自中国政府控制的新闻媒体的广告。但事实上，他们封锁的是中国网友自发向全球揭露香港暴徒暴行事实，力挺香港警察正当执法的内容。网友感叹，美国互联网巨头用实际行动，向我们阐释了什么是真正的“言论自由”。

2020年6月，在全国人大常委会通过旨在维护香港繁荣与稳定、维护国家安全的《中华人民共和国香港特别行政区维护国家安全法》后，西方媒体更加强了在香港问题上对特区政府和中央的攻击，他们以判官自居罔顾事实、指手画脚，却限制我国网民的正义发声，以实际行为破坏其标榜的公平中立。

冰冻三尺：问题的根源

上述现象的原因何在？意识形态的政治效果很大程度上取决于群体成员对彼此利益关系和前进方向的认同，是社会成员共同价值信仰和行动取向的一种体现。明辨现实，是解决思想问题的首要前提。

社会主义市场经济的发展，不可避免地产生了一批新的利益群体和个人，如自由职业者、跨界就业者、食利者、创业者等，他们现实活动的差异带来了彼此思想观念的差异，产生了不同的利益诉求。人们多样化的利益需求与网络共享性的交互影响，必然使得价值观念、思想意识多样化，社会矛盾的影响扩大化，并在基于网络快速发展的大环境下充分体现出来。

与此同时，世俗功利化、实用化的思想取向对大众自身人生价值实现的评判标准产生了影响，一些人更倾向于自我心理满足和利益的获取。如何对其加以有效引导，使其在精神上融入国家和社会大局，自觉参与社会主义建设，是解决其意识形态问题的根本所在。

过去由于种种原因，有些同志对西方意识形态通过网络渗透的危害性认识不足，轻视了互联网作为信息传播和利益表达工具的意义，试图单纯采取技术手段来掌控网络意识形态，诸如一味删帖、信息隔离等，而不是用全面辩证的思维认识网络时代的意识形态问题，造成网络管理手段和管理方式落后，针对网络意识形态问题的治理处于被动局面，很容易陷入头痛医头、脚痛医脚的泥潭。

由于新媒体带来的变化与影响，网络意识形态安全建设如今已成为国家意识形态建设的重点关注对象。党必须与时俱进地强化自身在网络意识形态工作领域的领导权、话语权与管理权，引领这一工作的整体方向。为此就必须拓展主流意识形态的网络阵地，调动网络意识形态多元主体共同参与管理的积极性，为建设以马克思主义为指导地位的主流意识形态而发挥坚强的领导作用。

首先，立足人民，取得力量源泉。做好意识形态工作不仅需要践行党性原则，即坚持明确的政治方向、坚定的政治立场，宣扬党的政策、理论、方针，更需要秉承人民性原则，解决好“为了谁、依靠谁”这个根本问题，才能做好意识形态工作。

为人民服务，以人民的利益为自己的根本利益，这是中国共产党赢得人民信任、获得人民拥戴的重要因素。中国人民普遍认同实现中华民族伟大复兴的中国梦，期望在统一的旗帜下战胜各种困难、建设美好家园、获得幸福生活，这是媒体发挥用武之地的坚实基础。而代表无产阶级和广大人民群众利益的马克思主义主流意识形态，是当今中国克服外部挑战，凝聚社会共识的必然选择。加强理论学习，学好用好主流意识形态这一宝库，是做好意识形态工作的首要保证。

2019 年 7 月 23 日，《华盛顿邮报》网站刊发专栏作家迈克尔·麦克福尔的文章，认为中国正在赢得与美国的意识形态斗争。文章指出，中国提供了一个有别于美国体制的替代模式。中国共产党将中国从贫穷的农业社会转变为工业化的中等收入国家，历史上没有一个国家能够实现如此迅速而持续的经济增长。这一经济奇迹赋予了中国政权以合法性，表明美国模式不是唯一选项。

中国制度优势的自信不断增强。中国并未实行西方式改革，西方制度能产生更好的社会和经济成果的说法更易被反驳。在世界舞台上，中国比美国更加致力于多边世界秩序，世界各地更多领导人认为特朗普破坏国际规则以援助美国企业。

此外，美国不再是中国人钦佩的对象，中国的知识分子不再从美国民主中寻求灵感，美国移民政策让其关于中国民族政策的声明丧失力度，取消中国学者签证让美国在关于信息自由流通的辩论中失去道德高地，想去美国留学的中国学生担忧受到美国歧视。

与这篇文章相映衬的是，2020 年新冠肺炎疫情以来中美两国疫情演变的不同状况，更坚定了亿万中国人对自己祖国、制度和道路的热爱，一度在网络空间流传的“美国完美论”大受抑制，人们的民族自豪感高涨，尤其是年青一代更坚定了对祖国的热爱。

其次，在理论层面打好基础，从源头上解决意识形态工作的高度问题。理论研究部门应坚持以马列主义、毛泽东思想和中国特色社会主义理论为指导思想，着力构建具有中国特色的哲学社会科学体系，以应对复杂的国内外形势变化和网络空间情况。要深入挖掘中国特色社会主义文化的底蕴以滋养人民群众的理想信念，促进人们坚定共产主义信仰，凝聚人们对主流意识形态的情感共识，为意识形态内容的建设奠定坚实的社会基础。

意识形态话语体系的理论不能与实践脱节，内容要接地气、达民心，对一些人民群众疑惑的理论问题做出让人信服的解释。对热点性问题要及时做出有效、合理的反映，以维护自身的权威性和影响力。比如，新冠肺炎疫情信息的及时公开、透明，不仅有利于疫情防控，更能让人民群众感受到党和政府的决心和力量，更坚定走社会主义道路的决心。

再次，做好理论问题的通俗化。在新的媒体环境下，时代和受众情况已经改变，意识形态工作不能简单沿袭以前的方法和路径，否则就无法得到受众的自觉认同，更无法达到意识形态工作应有的效果。

意识形态理论工作人员要以理论指引现实，以简单话语、生动比喻揭示事件的本质，以大众化、通俗化的文风让人民群众读得懂、乐于主动去学习。媒体工作者不仅需要利用新媒体传播方式增加内容的生动性，更要善于从现实生活中取材加工传播，以获得人民群众的情感和价值认同，提高信息传播的辐射力和吸引力。

此外，中华优秀传统文化和世界优秀文明是丰富新时期社会主义意识形态体系的思想宝库。中华民族生生不息、历经重重艰难险阻依然延续发展壮大的强大内在精神动力是祖先留给我们的精神宝库，要充分挖掘中华优秀传统文化的时代价值，吸收符合时代要求的内容，使其在新的时代继续成为推动民族进步的丰厚滋养。

同时，也要在更高的层次上走出去、请进来，排除外界干扰和无理阻挠，坚定吸收借鉴世界各国的优秀文明成果，以包容开放的心态兼收并蓄其他意识形态的科学合理成分为我所用，在世界舞台上更好地展现中国特色社会主义意识形态体系的魅力和价值。

案例

“独狼”恐怖主义与新媒体

“独狼”恐怖主义主要指不受实际外部组织指使，没有外部协助，依靠个人或小群体力量发起恐怖袭击的恐怖主义。虽然没有与恐怖组织直接接触，但“独狼”本身通过媒体受到某种意识形态或者理念的感染，自发产生极端信仰和归属感，进而通过网络接受恐怖袭击训练和技术指导，响应所信仰组织的行动号召，发动单独行动。

“独狼”恐怖主义自“9·11”事件以来增长迅速。特别是随着新媒体高速发展，依托于新的传播形式，“独狼”恐怖主义以其低成本、随机性、快传播等特点而受到各极端组织的青睐，也成为全球各国共同面对的难题。

“9·11”事件之后，西方国家的人们发现最直接的危险来自一些看似毫无关联的个体，这些“独狼”可能就是你的邻居，他们通过接触互联网逐渐变得激进，有一天突然冲出家门，发动毫无预兆的恐怖袭击。“独狼”不与任何组织存在直接关联，而是自发通过恐怖袭击以吸引广泛注意，表达自己的政治和意识形态诉求。2011 年挪威枪击案、2013 年波士顿马拉松爆炸案、2016 年法国尼斯恐怖袭击案、2019 年新西兰枪击案等，都是典型的“独狼”袭击案件。

根据研究，“独狼”虽然单独发动攻击，但这种行为是一种社会现象，是极端组织利用新媒体精心策划的产物。极端组织以网络为载体，通过各类社交和视频网站，利用特定的内容网罗目标受众，编织一张无形的网，捕捉潜在对象。极端组织通常采用类似于互联网广告推送的方法，对他们收集到的经常光顾某些特定网络内容的网民，推送更多激进的内容。

在受众选取上，极端组织一般青睐那些在现实社会中受挫、被孤立，处于绝望和愤怒状态的群体。极端组织会对目标对象进行有计划、有分寸的逐步渗透，通过在线聚会等手段提供不同的意识形态模式，挑动受众对自身所在社会的不满、厌恶和仇恨感，并引导其将原因归结为政治、宗教等外部因素，从而进一步自我激化。

大部分“独狼”在现实生活中避免暴露行迹，但在互联网上与特定的社区人群保持着积极的接触，在网络上浏览极端主义宣传视频、开展相关讨论等活动，最终促使他们采取单个暴力行动。

目前，极端主义意识形态在新媒体中的传播在我国引起了高度警觉和严格管控，对极端思想的传播起到了很好的制约作用。但对于隐性的极端主义意识形态渗透，以及具有很强宗教性的意识形态依然要找出更好的应对措施。

仅仅用“封网”手段一刀切地封堵极端主义思想的传播渠道，在互联网迅速发展的今天很难实现，可能还会加剧其自我封闭性，加速部分人极端化的趋势。对极端思想在新媒体传播的现象，需要专业的民族、宗教知识和理论人才，以及专门针对极端主义的舆论引导体系，以提高相关传播内容的针对性和专业性。

正本清源：新媒体的价值

新媒体为党的理论信仰和方针政策宣传提供了广阔的平台，也对党在这一新兴空间的宣传方式和能力提出了新挑战。面对及时、高效、便捷、内容丰富、传播范围广泛、无孔不入的新媒体传播平台，意识形态的宣传教育如果不寻求与新媒体平台的融合，势必会出现宣传范围不广、宣传深度不够、宣传效果不佳等问题。

中国共产党一直高度重视意识形态工作。十九大报告指出：“高度重视传播手段建设和创新，提高新闻舆论传播力、引导力、影响力、公信力。加强互联网内容建设，建立网络综合治理体系，营造清朗的网络空间。落实意识形态工作责任制，加强阵地建设和管理，注意区分政治原则问题、思想认识问题、学术观点问题，旗帜鲜明反对和抵制各种错误观点。”

作为执政党应当充分利用好新媒体资源的力量，做好意识形态宣传这篇文章。对新媒体平台上出现的不良现象不能妥协宽容，而要去主动争取话语空间、整顿网络秩序，否则就会给不良思潮和舆论以大肆散播的机会，给社会稳定、国家安全和执政地位造成严重影响。

首先，做好人的工作，坚持党管媒体。

一切工作取决于人，做好媒体工作者的工作，使其成为思想、立场、信仰坚定的信息传播工作者，才能牢牢把握和构建主流意识形态话语权，真正实现“党管媒体”应具备的效果。

新媒体使信息传递和价值共享更为便捷高效，但是这就像打开“潘多拉盒子”一样，也会使人性中邪恶、不正常的一面暴露出来。不良信息和价值观的传播会腐蚀和破坏整个民族赖以生存的文化和价值观，带来认同缺失的意识形态危机。广大媒体工作者是不愿看到这种现象的。要做好他们的工作，使之成为抵御不良思潮，自觉维护良好舆论秩序的第一线战士。

小贴士 媒体工作者应该做到不忘初心，时刻牢记自己的使命和职责，避免陷入思想上的误区，才能做好意识形态引导工作。

无论是革命战争年代，还是深入建设全面小康社会的今天，党管媒体的原则不能动摇，该严控的地方毫不松懈，在事关大是大非和政治原则问题上必须主动出击，打好主动仗，自觉维护信念和原则。妥善运用新媒体这把利剑，将其打造成为意识形态话语平台，为党的信息输出提供强大支撑，成为加强党的执政能力建设、提高党建水平的重要通道。

应该坚决抵制“只要管理好党和政府主办的媒体就可以”的错误观念，将党管媒体原则深入贯彻到所有“从事新闻信息服务、具有媒体属性和舆论动员功能的传播平台”，研究全方位、多层次、严标准的管理方案，为我国社会主义意识形态的传播开拓阵地。

其次，做好面向人民群众的宣传工作，用人民习惯和喜爱的语言表达方式宣讲马克思主义及其中国化的理论成果，使人民群众听得懂、记得住、用得上，扎根人民群众真实生活，使主流意识形态的凝聚力与时俱进，加强主流意识形态的吸引力。

新时期的媒体意识形态宣传工作应该树立以人民为中心的工作导向，把服务群众同教育引导群众结合起来，以丰富的视角、翔实的细节宣传报道人民群众的不懈奋斗和火热生活，多宣传报道人民群众中涌现出来的先进典型和感人事迹，丰富人民精神世界，增强人民精神力量，让社会主义意识形态迸发生机与活力，吸引人民群众自觉接受并践行社会主义核心价值观。

因此，宣传部门要及时转变意识形态宣传方式，要善于运用新媒体宣传手段来为我所用。以音频、视频、动画、虚拟现实等新媒体技术手段让主流意识形态展现出新时代的感召力和影响力，这样既能及时了解群众的所思所想，又能为群众提供更便捷高效的服务，推动新时期意识形态工作的有效开展。

在宣传内容与形式上，要采用体现人文关怀的情理交融式话语、生动鲜活的群众话语，利用平等包容的双向对话方式，以及群众参与、群众自我教育、现身说法的方式，以提升效果，最大限度地促进参与性。

党和政府要积极主动掌握意识形态话语空间，通过新媒体平台为人民群众提供意见表达的渠道、方式、空间。政策的制定与修正，执行的力度与方向，都应当通过新媒体进行有序发布，让人民群众看到党和政府的长期不懈努力，增强对党的信心。

在这一过程中，党报党刊发挥着中流砥柱的作用，对于人民群众密切关注的流行思潮和社会问题，利用各种渠道及时发布权威消息，正确引导舆论导向，本着及时、准确、公开、透明的原则帮助人民群众划清是非界限，澄清模糊认识。这就要求有关方面要健全网络舆论监控机制，准确了解、正确引导舆论动向，一旦发现不良言论威胁社会稳定要及时打击，不给谣言诽谤以可乘之机。同时，要以法律手段保障网络安全，维护社会稳定，为执政党意识形态话语权的构建保驾护航。

近年来，党和国家积极利用新媒体平台开展意识形态工作，如推出“政府上线工程”，开发“学习强国”APP、人民日报等主流媒体入驻微信与抖音等，以各种形式生动展现党始终同人民群众同呼吸、共命运的真实状态，体现出党始终将人民群众的获得感、幸福感、安全感作为衡量自身工作是否合格的坚定态度，收到了良好效果。同时，对一些媒体平台上弥漫的消极现象也进行了坚决整顿。

再次，要不拘一格提升传播效果。不仅理论部门要适应网络快速发展的时代潮流，将马克思主义理论的内容宣传、社会主义核心价值观的弘扬与网络意识形态传播规律有效契合，并以通俗易懂的方式表达当前我国的指导思想、理论及政策，媒体也要善于用网络语言、符号、图片以及视频，将理论思想转变为形象生动的鲜活内容，有效实现主流意识形态精神实质的立体化展现。

从实践来看，借助新媒体形态进行主流意识形态的传播加快了主流意识形态的传播速度，打破了单一且无力的灌输式宣传的刻板模式，提升了传播的实效性。如将革命领袖的话语、表情制作成表情包或者漫画，将革命历史改编成热门剧目，有利于调动人民群众主动参与的热情，有利于受众潜移默化地接受主流意识形态的价值观。

为贴近群众，主流媒体积极探索宣传内容和手法的创新，收获很大。如多家媒体在两会前开通“我对两会有话说”的微博、微信平台，中纪委网站开通网上举报渠道等，均有效地改善了传统表达方式，变“单向灌输”为“双向交流”，利用互联网技术实现了党与群众的良性互动，也在受众中树立了媒体的新形象。

2017 年建军节前后，《人民日报》推出互动 H5 产品
《快看呐！这是我的军装照》，浏览量超过 10 亿。

培养网络意见领袖，引导社会正能量传播。网络“大 V”、流量明星等凭借网络的快捷性、交互性，迅速提升了自身的知名度和影响力，他们在网络空间发布的信息点击量、阅读量、转发量相当可观。因此，需要培养一批有大局意识、具有专业知识的网络意见领袖，以实现政府与民意的有效连接。网络意见领袖可以通过共享观点与想法，引导网络受众保持清醒的头脑，把握事件背后传播的规律，进而营造风清气正的网络空间，巩固和扩展网络宣传阵地。

总之，意识形态工作本身具有特殊性，是从思想上、灵魂上帮助和改造人。既要给受众表达见解和诉求的机会和渠道，使其口服心服，又不能过于放松，造成意识形态阵地被侵蚀、合法性遭到质疑。媒体工作者只有牢记使命，从细节出发，兢兢业业地做好这项艰巨而伟大的工作，才能更好地传播党的思想，促进党和国家的发展。

新形势下，党的意识形态建设工作要因事而谋、应势而动、顺势而为，不断优化话语体系，创新表达方式，加快构建新媒体时代意识形态话语权，实现意识形态工作与新媒体的深度融合。

小贴士　意识形态工作必须与时俱进，在科技化和信息化的时代背景下不断推陈出新，以变化的姿态传承永恒的宗旨。

本章小结

新媒体环境给意识形态工作带来了深刻影响与巨变，对不同意识形态体系之间的对峙和斗争必须保持清醒的头脑。我国意识形态工作面临着新问题、新挑战、新期望。

由于新媒体带来的变化与影响，网络意识形态安全建设已成为国家意识形态建设的重点。必须立足于人民，做好理论问题的通俗化。意识形态的宣传教育必须寻求与新媒体平台的融合。

应当充分利用好新媒体资源的力量，做好意识形态宣传这篇文章。坚持党管媒体，用人民习惯和喜爱的语言表达方式宣讲理论成果，不拘一格提升传播效果。

引申思考

1. 依靠新媒体做好意识形态工作是否仅仅意味着把书本搬到网上?
2. 意识形态理论如何在新媒体落地，现有做法有哪些可改进之处?
3. 领导干部实名上网，利大还是弊大?

第六章

新媒体与舆情应对

来势汹汹，势如山崩

在新媒体时代，基于一定社会背景的事件或话题常常经过网络途径扩散传播，通过大量点赞、评论、转发、辩论形成舆论场，进而转化成网络舆情事件。从近些年的报道来看，超过六成的网络舆情事件由新媒体引发，通过信息和意见的发布和传播首先形成舆论，传统媒体和其他新媒体跟进并放大舆论效应。

借助开放的网络平台，各种不同利益群体都能通过网络提出自身的利益诉求，一些网民将自身所遭遇的不公对待，或是有关方面的不当行为在网上发布，迅速引发社会关注，形成强大舆论压力，推动了事态的解决，对一些不当行为构成了威慑。同时，现实中也存在借此传播谣言、制造事端的情形，需要通过完善监管和社会沟通机制来解决。

网络舆情属于新事物，具有自身萌芽、形成发展、爆发、衰退的阶段性特点。萌芽期的网络舆情通常呈现为线索式内容，如星星之火，还未被外界普遍关注。此时如果介入得当，往往能将其快速平息；如果介入不当就会适得其反，使其快速进入形成发展期。

2011 年 6 月 21 日，微博用户名“郭美美 baby”的网友发照片炫耀自己“住大别墅，开玛莎拉蒂”的奢华生活，其认证身份为“中国红十字会商业总经理”。这本来看似平常的一条“炫富微博”和其身份相联系，迅速在网络上引起轩然大波。一时间，各种与郭美美、中国红十字会有关的说法在网络上流传，真假难辨，对中国红十字会的负面评价不绝于耳。

此后，中国红十字会声明：中国红十字会没有“红十字商会”的机构，也未设“商业总经理”的职位，更没有“郭美美”其人。微博致歉称认证不规范，未经严格审核就同意郭美美将其认证身份改动。

根据警方的调查和郭美美本人的供述，她本人及其资金来源与中国红十字会毫无关系，但这一舆情事件已经严重影响了中国慈善事业的声誉和发展。“郭美美事件”直接导致社会出现信任危机，中国红十字会及其他慈善组织收到的社会捐款数额锐减，慈善组织的声誉和专业性受到广泛质疑。

网络舆情进入发展期后，一旦与相关的负面信息结合在一起，会促使其加速爆发，形成社会影响力和冲击力，严重的会引发社会动荡和冲突。

2009 年发生于乌鲁木齐的“7 · 5 事件”，是境内外不法势力通过网络互动勾结、有组织有计划策划制造的一起严重暴力事件，造成重大人员伤亡和财产损失，严重破坏了边疆社会秩序和稳定。

此次事件最初源于广东韶关一起涉及维吾尔族工人的治安事件，“世维会”等境外分离势力乘机通过网络等多种途径大肆歪曲事实、传播谣言，以煽动民族对立情绪，号召新疆当地群众向乌鲁木齐聚集游行，最终酿成严重事件。事件发生后，为了切断境内外不法势力联系渠道，有关部门对当地互联网实施了管制措施。

随着时间流逝，舆情会逐步进入衰退期，热度慢慢消退并趋于稳定。但如果疏于防范，新的焦点议题会再次产生，也会造成舆情反复。有观点认为公共舆情事件只有几天的热度，不必理会，只需等待其自然消退即可，但事实上一些舆情事件不仅不会快速消退，反而会出现多个舆情周期，网络舆论呈波浪式运动反复拉升舆情热度，延长了生命周期，甚至长期保持一定的话题热度。

2018 年 7 月 11 日晚，黑龙江男子王某持甩棍、刀具，深夜翻墙闯入女性王某位于河北涞源县的家中进行骚扰，意图逼迫王某与其交往，双方发生冲突。冲突中，男性王某遭女性王某一家三口合力反杀。事件发生后，10 月 17 日，案件由涞源县公安局侦查终结，移送涞源县人民检察院审查起诉。

当地检方以当事人“行为具有刑法规定的正当防卫性质”为由，向涞源县公安局发出变更强制措施建议，但警方未予采纳，坚持羁押涉事女性一家，引来网民强烈质疑，对事件关注的焦点由“是否犯法”转换为“赶紧放人”。2019年春节期间，大量网民在微博上点名涞源公安官微追问“放人了吗”。

2019年2月24日，涉案女性被认定为正当防卫，被解除取保候审强制措施，免除刑责。3月3日，保定市人民检察院发布通报称，案中女性父母属正当防卫，决定不予起诉。

新媒体为广大人民群众参与公共事务和表达利益诉求提供了更加便捷的渠道，也对党和政府的舆情应对能力提出了新要求。党政机构要通过完善网络舆情收集和分析评估机制，及时准确掌握人民群众的思想动向，才能及时做好舆情应对，为政策制定提供科学的舆论信息输入，使党的方针政策更加合民意、得民心。

案例

舆情失控酿成的苦果

2009年5月16日，沈阳小贩夏俊峰和妻子在马路上摆摊，被市城管执法人员查处。夏俊峰在勤务室接受处罚时与执法人员发生争执，刺死两名城管队员、重伤一人后逃离现场，当天被抓获。11月15日，夏俊峰在沈阳市中级人民法院一审被判处死刑。2011年5月9日，夏俊峰刺死城管案终审宣判，辽宁省高级法院驳回上诉，维持原判。2013年9月25日，夏俊峰因犯故意杀人罪，被执行死刑。

夏俊峰案本来是一件普通刑事案件，在一审结束之后，该案并没有引起外界大规模的关注，仅有少数传统媒体对案件的审理结果进行了报道。但在二审之后，随着夏俊峰的妻子开通微博、网络推手以及多名法律界人士的介入，媒体开始对案件进行大量报道，主要集中在夏俊峰的家庭及本人遭遇上，舆论一边倒地倾向于弱者，过激言论不绝于耳。

在夏俊峰案之前，一系列关于城管和小贩间冲突的媒体报道均以同情小贩、片面强调底层和弱势群体利益作为基本的情感基调，而以城管作负面的对比，逐渐形成了受众的固化思维，将整个社会舆论引导到偏离事实的轨道。当相似事件再以同样基调大肆报道时，便会引发公众舆论的情绪化现象，使当事人成为牺牲品。

在报道夏俊峰案时，有舆论刻意制造悲情英雄，试图让事件性质变成一个草根英雄抗拒暴力执法的案件，为此不惜激化事态。很多媒体在报道时都用错了照片，将北京小贩崔英杰的庭审照片拿来当作夏俊峰的照片使用，甚至连夏俊峰的妻子也据此转发。

事件中受害者之一的父亲指出："我儿子也好，夏俊峰和他老婆、孩子也好，都是人们表达情绪的靶子，没有人真正关心事实是怎么样的。"

转型时期，泥沙俱下

新媒体的匿名性和交互性使得人们更容易表达出真实的想法，更容易投身舆论热潮，这是舆情形势复杂的表面原因，深层次原因是和社会心态的变化和诸多因素的相互影响分不开的。

我国正处于全面深化改革的社会转型期，大众的生活习惯、价值观等方面都发生了明显变化。在发展的过程中不可避免地出现各种社会问题，许多问题和矛盾的表达渠道、机制不够完善，一些诉求缺乏正常表达的出口或渠道，使得网络空间成为很多人发泄情绪的地方。

在新媒体平台上，同质化信息流裹挟着个人情绪，使受众的情绪受到影响。由于受众的素养参差不齐，部分网民缺乏正确的判断力，容易受外部干扰而匆忙下结论，发出非理性的声音。一旦传言与自身密切相关时，就会抱着"宁可信其有，不可信其无"的心态表现出极大的传播热情，从信谣加入传谣行列，使得谣言呈金字塔形不断扩散。

尤其在社交媒体上，在网络社会中成长起来的青年一代往往具备群体心理，越来越将自己的偏好、志趣、观念、思维甚至情感投入网络社群中，构筑了潜在的集体认同倾向。一旦所在社群出现负面舆情，更容易使成员的情绪失控甚至走向极端。

另外，由于一些用户存在思维惰性，盲目相信意见领袖的观点，一旦意见领袖的观点出现偏差，就会影响整体舆论走向。

法国著名社会心理学家古斯塔夫·勒庞在其著作《乌合之众》中指出，当个人融入群体精神之中时，个体之间的差异被消解，智力认知水平开始下降，“从他们成为群体的一分子那刻起，博学者和不学无术者都一样没有了观察能力”。

在网络舆论的倒逼之下，新媒体和传统媒体都不得不对社会事件做出快速反应，为迎合舆论的情绪化特征，最终导致对新闻事实的建构往往是在二元对立的框架中进行的，陷入非黑即白、正义与邪恶的脸谱化描述，与新闻专业本身要求的公正、客观原则严重不符。

一些媒体一味渲染并报道社会负面事件，往往会在受众内心深处形成或者进一步积累不满情绪，这种不满情绪最终在某个突破口发泄出来，形成舆情事件。这反过来又会影响并支配媒体的报道方式，导致媒体所呈现的舆论出现情绪化偏向。

此外，一些地方在一个时期里公开性不够，对一些与人民群众切身利益相关的社会问题反应滞后，一味以“正在调查中”搪塞外界质询，给了网络谣言以可乘之机。少数利益集团乘机操纵网络舆情，不仅严重削弱了人民群众参与政治生活和社会治理的积极性，也给党的执政基础带来严峻挑战，削弱了整个社会的凝聚力。

2016 年 7 月 19 日，河北邢台遭遇特大暴雨，最终酿成洪灾，导致多个村庄道路、通信中断，大贤村多位村民在洪灾中不幸遇难，但当地官方媒体一直处于“失声”状态。

直到 7 月 22 日，随着受灾村民及死者家属堵塞国道，视频在微信朋友圈被刷屏、自媒体纷纷曝光，此事才逐步引爆舆论，官方主流媒体随后介入，多篇关于邢台洪灾的新闻稿发布，“邢台洪灾”以新闻形式展现在公众面前。此后河北省启动追责程序，4名政府官员因抗洪不力被停职，3名“网上散布谣言者”被处理，网民情绪随之缓解。这是地方政府舆情应对不力的典型案例。

突发舆情面前，为何一些地方和部门出现反应滞后、迟迟不发声的现象？究其原因，当然有形势变化、有关部门先调研而后动、对敏感问题拿捏不准的因素，但从媒体传播的角度而言，网络传播速度快、信息量大，舆情处理分秒必争，如果不能把握初期的舆情主导权，网民可能会被大量的不实信息误导。因此晚发声不如早发声，及时面对、逐次深入的应对方式胜过“千呼万唤始出来”。有勇气、有魄力及时担当、妥善面对，是有关方面领导应具备的素质。

2015年8月12日发生的天津市滨海新区危化品爆炸事件，造成重大人员伤亡，备受全国关注。爆炸发生在当天23时30分左右，据微博指数统计，8月13日关键词为“天津爆炸”的微博讨论量高达1566468次，负面舆论迅速扩散。

天津市政府于8月13日3时52分，通过新闻办公室官方微博发布了第一条关于此次爆炸事故的信息，包括事故发生地点、涉事公司、当时伤亡情况以及救援情况等基本信息。此后，官方对网络中出现的不实信息及时辟谣，安抚民众情绪，并将灾后重建工作的具体内容放到网络上供查证，缓解了舆情状况。

经多方努力，8月14日，微博统计关键词为“天津爆炸”的讨论量降至558029次，较前一日下降了64%，网民情绪基本稳定，言论普遍较为理性。随着时间的推移，网民的关注点也由敏感问题转变为政府危机处理工作的开展。到19日，讨论量降为61158次，网议基本平静。

俗话说“坏事传千里”，负面舆情在很多时候比正面舆情传播得更迅速，而在技术上“封堵”负面舆情的难度越来越大。在新媒体时代，一些积怨的网民纵容矛盾、虚假消息的传播，以达到情绪发泄的目的，特别是一些别有用心的“意见领袖”更带头传播、形成不理性的言论。因此一旦“堵而不疏”，真相缺位，反而会刺激谣言的产生，公众会通过各种方式将自己心目中的“真相”公布出来。

需要指出的是，重大舆情往往涉及意识形态的相关问题，两者相互关联、互相影响。比如，“大灾面前有大谣”，互联网时代的各类突发事件往往伴随着不实信息和谣言的传播，会操纵舆论感情，误导公众判断，对有关方面顺利开展工作产生阻碍，具有严重的负面作用。

2020年新冠肺炎疫情发生后，有关疫情起源、发展、预防的各类谣言频现，在各类媒介平台上传播扩散，不仅误导大众，也扰乱了抗击疫情的公共秩序。一些网络推手出于不可告人的目的，恶意诋毁抹黑中国防疫工作的成绩。对此不仅要以技术手段加以防范，更要以强有力的司法手段和有效的监管措施予以打击和疏导。

重大舆情往往包含更为复杂的社会要素，其本质是意识形态之争。在新媒体时代，如果不能正确处理和应对重大舆情，就会加剧群际关系断裂以及社会成员的对抗心理，会被别有用心的势力所利用，进而影响社会的稳定。

有效疏导，长治久安

对网络舆情问题，真正“釜底抽薪”的治理办法，是对这些事件折射出的根本性思想与民生问题加以妥善解决，比如，营造公平社会、完善法制、消除社会群体间对立心理、妥善解决就业问题、帮助困难群体等。但与此同时，积极探索和应对舆情问题，有效利用新媒体手段疏导化解舆情，为社会进步营造良好的舆论氛围，同样是有关方面要面对和完成的重要课题，两者并行不悖。

网络空间的公平正义离不开监督，党和政府应当扮演好“监督者”的角色。必须加强网络舆情管理，拓宽监督渠道，利用技术、法律等手段去伪存真，进一步推动网络管理常态化、规范化。对网络舆情实施全方位动态监控，及早发现问题苗头，有效引导网络舆情走势。

有研究表明，突发事件发生4小时内可能被大量转发，24小时内就能成为舆论焦点。正确的做法是在第一时间向公众公布事情的真相，让公众及时了解到事件最新的进展情况，将公众的不信任感降到最低，并及时采取有效手段合理解决有关事件。

从及时发现问题的角度，有关方面要为舆情监测提供更多的支持，对复杂问题和现象及时剖析、做出决断。要通过网络主动发布权威消息，主动回应人民群众的合理诉求，引导网民正确看待公共事务。

目前，大数据技术已广泛应用于网络舆情监控和数据采集、预处理、存储、管理、分析、安全等方面，有关部门可以此为基础，应用虚拟仿真、智能分析等技术对舆情治理和应对进行实时跟踪和效果检测。

在舆情形成与发展期，要求相关部门快速有效回应，并开展实际处置工作。必须切实监督有关事件的合理解决，在法律法规的框架下最大限度地维护民众的利益，形成民众对党和政府以及法律的情感动员，引导和培育网民对公平正义的价值认同。

舆情相关突发事件的处理是对社会治理工作最大的考验，如何在事件发生后及时发声，答疑解惑，遏制谣言的传播，做好舆论导向工作，有效面对舆论大潮，但又不违反相关流程和规定，这是当前政府和媒体都要面对的一篇重要文章。

2018年2月15日，陕西汉中南郑区发生一起致三人死亡的杀人案，犯罪嫌疑人张某投案自首。2019年1月，汉中市中院公开开庭审理被告人张某故意杀人、故意毁坏财物一案并当庭宣判，认定其犯故意杀人罪，判处死刑，剥夺政治权利终身。

案发后，部分媒体及自媒体爆料称，1996年，幼年的张某曾目睹母亲被死者之一打死，凶手利用关系获刑7年，张某密谋20余年终于“为母报仇”。此消息迅速引发舆论对张某的同情甚至力挺，演变为全民关注的热门话题，部分舆论将张某塑造为“为母复仇”的正义形象，推测当年案情存在暗箱操作和腐败问题，给当地政法部门以较大的舆论压力。

进入司法程序后，法院的信息发布工作主动性和针对性较强，引导效果明显。一审庭审中，法院采取“网络视频＋文字”直播的公开形式，用公开公正的审判回应舆论质疑，彰显出司法自信。在对张某父亲申诉重申“张母案”一事中，汉中市中院和陕西省高院两级法院均做到主动通报、详细释法，满足了舆论知情权。

在舆情爆发期，热度高、诉求相对明确、能量快速释放，应对策略应以疏导为主，切不可盲目进行堵截或压制。政府有关部门应从历年来处理类似问题的实践中吸取经验教训，充分发挥媒体作用，积极将社会舆论引向良好的方向。从解决问题的角度，要健全完善现有的新闻发言人机制，不断增强与媒体交流的能力，营造出良好的舆论环境，避免爆发二次危机，保护好政府的形象。

作为“跟随者”，传统媒体在关注新媒体引发的议题时，应以冷静客观的立场和专业化报道标准，对热点事件中的核心事实进行展现，有效引导网络舆论，进而引导整个社会的舆论。

在网络舆论出现偏向之时，无论新与老，媒体能否客观公正地参与事件的报道，是网络舆论能否回归正轨的关键，同时也是重建媒体舆论引导力的基础。专业性是媒体的核心竞争力，媒体应在网络互动过程中对社会言论进行引导和纠偏，实现舆论引导的目的。

在一些社会案件的报道中，部分媒体受到舆论情绪化的影响以及自身的局限，导致报道偏向于其中一方，很少关注案件的核心事实，丧失了专业性和言论的独立性，反过来又加剧了舆论的情绪化。因此，以专业媒体的专业性报道来引导网络舆论具有可行性，关键在于提高媒体记者的专业能力，围绕核心事实对网络舆论进行纠偏。

2018 年 7 月，国家药监局发现疫苗生产企业长生生物在狂犬病疫苗生产过程中存在严重违规行为，随后媒体揭示上一年此企业生产的不合格百白破疫苗已被运往山东接种，一时引发舆论广泛关注。

7 月 21 日，一篇名为《疫苗之王》的文章在微信朋友圈引爆，关注度迅速超过百万，把疫苗安全的问题推到风口浪尖。在舆情已经形成的情况下，人民日报、新华每日电讯等媒体对问题疫苗进行了以信息公开为主要指向的报道，直面问题核心，对网络舆论产生了较好的纠偏作用。

从该事件来看，媒体引导舆论的核心在于，传统媒体及其新媒体平台是否能对事件的关键信息进行专业化报道，这是对媒体自身建设的要求。

小贴士 如果媒体的报道缺乏专业性和独立性，则可能加剧社会议题的偏向。

互联网语境下，信息传播的碎片化使得受众需要集成多条信息才能把握完整的新闻信息，然而受众个体往往并不具备信息集成的能力，这就需要发挥媒体信息整合的优势，在将碎片化信息进行聚合、筛选、甄别、发现新闻这一过程中发挥更权威的作用。

为完成这一任务，以各级党报党刊、广电机构为主体的传统主流媒体应正确把握媒体传播的发展走向，发挥自身优势，适应新媒体下的媒体生态环境，调整内容制作、传播、运营方式等方面的工作，巩固自身舆论主导地位，这是一个全新而又值得探讨的现实课题。

舆论监督，釜底抽薪

主动接受舆论监督是党政部门开展工作的有效保障，既可以有效批评和揭露丑恶现象，又可以有效反映社会问题，帮助发现和解决问题，使决策更加合理，使改革少走弯路。

必须指出，新媒体的合理运用同样是开展舆论监督、推动社会进步的重要力量。舆论监督与人民群众有着密不可分的联系，新媒体可以作为舆论监督的工具发挥重要作用。有研究指出，开展网上信访、网络监督等工作，搭建更多的沟通渠道和平台，增强社会各群体之间的有效互动和对话，引导广大网民正面参与网络政治，可以最大限度地降低社会摩擦，减少舆情事件。

在传统媒体时代，报纸、广播、电视等媒体因为运行机制的限制，群众经常性的舆论监督难以实现，多数情况下群众舆论监督的权利是由新闻媒体代行的。而今天在新媒体平台上，用户可以直接发表意见、直接参与到社会热点事件中，形成舆论监督的新形式。正常、健康、持续的舆论监督本身就是人民民主的体现，也必将进一步推动民主政治建设，提高党的执政能力。

与传统媒体相比，新媒体关注的焦点触及任何事件、任何地点，传播范围更广，参与人数更多，更具自发性。新媒体对公共利益的主张和维护会帮助大众更广泛地参与政治和社会主题的讨论，引导群众向往健康高尚的生活。

2007 年，台资企业计划在厦门市海沧区兴建计划年产 80 万吨对二甲苯（PX）的化工厂，由于担心化工厂建成后危及民众健康，该项目遭到全国政协百名委员联名反对，并引起厦门市民广泛关注。自 5 月起，很多市民从媒体和网络获知并广泛转发此事，PX 项目成了全民参与的热门话题。6 月 1 日至 2 日，部分市民集体在厦门市政府门前表达反对意见。

此后厦门市政府及企业多次出面解释疏导此事，《厦门日报》《厦门晚报》等当地媒体刊登了长文，但并没有打消市民疑虑。2007 年 12 月，厦门市政府两次召开市民座谈会，听取市民代表、人大代表和政协委员意见，媒体入内旁听。绝大多数参加者都对项目表示反对，最终厦门市政府宣布取消引进该工程，项目迁址至漳州境内。

厦门 PX 项目事件从博弈到妥协，留下了政府和民众互动的经典范例。政府在大项目建设上尊重民意，通过各种形式充分沟通，最终以公正、透明的区域环境评估，以及公众座谈会的形式征求广大市民意见，体现了厦门市政府的执政水平和能力，为国内解决类似问题提供了样本。

小贴士 合理运用新媒体，可以使政府在制定政策和决策时将尽可能多的利益相关者考虑进去，有助于分散决策风险，实现决策民主。

新媒体作为一种交流平台，客观上为政府与公民的互动创造了条件。现代国家的治理要求很大程度的民主参与及社会合作，而新媒体可以有效提升政府决策的正确性。

新媒体本身也是一个科普与实践的平台，各种零散的声音和信息得以在平台上表达与传播，有助于社会的和谐，程序公开、理性协商也有助于社会矛盾的解决。

小贴士 在媒体与社会的良性互动中，政府和群众获得学习和进步的机会，一些不负责任的言论和违法行为会被揭露和批判。

随着网民数量和互联网普及率的逐年递增，日益庞大的互联网空间正逐渐渗透进现实生活，网民在互联网上的言论也受到现实法律的规制。在鼓励网民参与舆论监督、表达诉求的同时，要通过普法教育帮助网民提高个人素养和信息辨别能力，激发他们对规则的敬畏，使其明了违法的后果，避免被舆论裹挟而丧失自己的思考能力。

目前，在新媒体上活跃的意见领袖多是演艺明星、网络红人、知名人物等，特殊的身份使他们拥有大量粉丝，成为部分网民眼中的偶像，一言一行都受到关注和推崇。基于崇拜心理，个体对偶像容易产生盲目的信任，进而会追随和模仿，主动放弃自己的判断力和思考能力。

意见领袖因其特殊的影响力极易引导和煽动舆论，一旦随意传播未经核实的内容，非理性地宣泄负面情绪，将直接影响到其他用户的表达，造成舆论极化，不仅会扰乱社会秩序，还可能触犯法律。因此，意见领袖必须承担起相应的社会责任和义务，既要积极关注社会热点事件，做好舆论监督，又要以理性负责的态度参与讨论，积极促进网络舆论的正向引导。

本章小结

网络舆情事件剧增，对党和政府的舆情应对能力提出了新要求。突发舆情具有自身萌芽、形成发展、爆发、衰退的阶段性特点，深层次原因是社会心态的变化和诸多因素的相互影响。突发舆情面前，真相缺位会刺激谣言的产生，反应滞后将导致公众自己寻求“真相”。

应积极探索和应对舆情问题，利用新媒体手段疏导化解舆情。传统主流媒体应正确把握发展走向，发挥自身优势，巩固舆论主导地位，新媒体是开展舆论监督、推动社会进步的重要力量，要积极促进网络舆论的正向引导。

引申思考

1. 一些工作人员认为封网是最有效的舆情处置手段，如何才能说服他们改变？

2. 公务员兼职充当舆情引导员是否可行？能保证效果吗？

3. 有些人视网络意见领袖如洪水猛兽，如何正确与之打交道？

第七章

新媒体与对外宣传

路阻且长：走出去的探索

长期以来，我国在国际传播方面一直处于不利的地位，虽然我国早在2010年就超越日本成为世界第二大经济体，但是“西强东弱”的国际传播格局并没有发生明显改观。

作为国际舞台上的重要参与者，我国因经济实力、政治地位、意识形态等问题常被置于西方话语体系的对立面。在很多国际问题上，外部敌对势力利用国际传播霸权对我施压，混淆黑白、颠倒是非的事例屡见不鲜，严重损害了我国的国家形象和民族情感。

提高国际话语权、“讲好中国故事”已成为我国目前重要的外事工作之一，为此就要加强国际传播能力建设，增强对外话语的创造力、感召力、公信力，传播中国声音，阐释中国特色。而发挥好新媒体作用，是打造中国对外宣传新格局的重要一步。

我国国际传播能力的短板是，缺乏用户数量巨大、技术先进、国际化的传媒集团。而反观美国，其全球领先的现代传播能力不仅体现在时代华纳等传统国际传媒巨头，更体现在谷歌、脸书、推特等拥有数以十亿计用户的现代互联网巨头，用户遍布全球，真正实现了国际化布局。

近年来，我国有关方面积极探索各种形式、多种渠道的外宣工作新举措。2009年，中办、国办印发了《2009—2020年我国重点媒体国际传播力建设总体规划》的通知，提出到2020年争取在报刊、通讯社、广播电视和互联网等领域建成若干具有国际影响力的传媒集团。在政策层面，“十三五”规划提出“要加强国际传播能力建设，创新对外传播、文化交流、文化贸易方式，推动中华文化走出去”。

从实际结果来看，上述工作实施难度较大，面临的挑战较多。而日后加强外宣工作、取得实质性突破的可能途径主要有以下几种：国内主流媒体走出去、收购海外媒体、与国际巨头合作、国内新媒体走出去。

国内主流媒体走出去的步伐一直在进行，从2009年起，新华社、人民日报、中央电视台等中央媒体陆续进驻Twitter、Facebook、YouTube等国际社交平台和视频分享平台。但是，海外受众的关注至今不高，来自官方的信息过多，与国外受众的思维方式和阅读习惯有距离，需要在题材、管理模式等方面进一步突破和探索。

传媒是意识形态和价值观的产物，在国际巨头均为西方企业的情况下，通过境外主流媒体传播中国的意识形态和价值观比较困难，国内新媒体“走出去”可以被视为值得探索的一条出路。在“一带一路”政策影响下，更多的中国新媒体走向世界，加快海外布局与建设，成为我国与国际沟通和交流的新桥梁。

2012年，腾讯将微信4.0的海外版定名为WeChat，走上了国际化的道路，但出海之路走来并不平坦。此时海外主要免费通信市场中WhatsApp、Messenger等已经站稳了脚跟，社交领域又有Facebook等强劲对手，后来者微信尽管在市场推广方面非常努力，但也很难从先行的主导者中抢出更多用户。

2014年腾讯发起对WhatsApp的收购谈判，但最后关头创始人马化腾接受了一起外科手术，推迟了前往硅谷的行程，谈判因此延期。就在这期间，Facebook突然入局，以190亿美元的价格收购了WhatsApp，几乎是腾讯预计出价的两倍，腾讯就此功败垂成。

想要将中国声音变为国际传播格局中的主流声音，必须遵循新媒体发展规律，打造出一批或几个具有影响力的全球性新型媒体。为此通过对外投资并购的手段，控股一些境外媒体是十分必要的。我国经济的快速增长为媒体走出去以及境外并购提供了良好的经济基础。由于收购海外媒体常常遇到意识形态和政治性问题，主流媒体难以接洽和购买，国外新媒体可以成为打开缺口的尝试。

近年来，有实力的中国新媒体开始走出国门开展收购，收获不断。

2016年12月，腾讯全资收购了泰国最大的门户网站Sanook Online。2017年1月，阿里UC宣布在未来两年内向东南亚地区投入3000万美元，扶持该地区的自媒体内容生产。11月，今日头条宣布收购美国著名短视频平台Musical.ly，收购金额达到10亿美元。

案例

TikTok的多舛命运

借助短视频在全球兴起的东风，字节跳动实现了有所作为，但也面临着严峻国际形势带来的挑战。

张一鸣在2016年互联网大会期间曾表示，他创办今日头条的第一年，就把国际化当成一个重要的方向。张一鸣解释进行海外布局的原因时说：中国的互联网人口，只占全球互联网人口的五分之一，如果不在全球配置资源，追求规模化效应的产品，“五分之一”无法跟“五分之四”竞争，所以出海是必然。张一鸣曾表示，希望在三年内，抖音全球用户占比达到50%。

2017年，字节跳动启动全球化团队，第一次聘用外籍员工，海外版抖音和火山小视频正式上线。

根据自身长于算法技术、内容原创能力不足的现状，字节跳动称自己的海外扩张不是资本输出，而是技术输出。也就是说，只需要雇用当地最好的运营团队，同时和大量海外当地内容机构建立合作，提供本土用户喜欢的内容。字节跳动只需复制在中国的运营模式，比如，手机预装、依托社交平台等，做好信息分发的分内事，避开了自建产品品牌和本地化运营的难度，以加快国际化步伐。

2017年夏季，字节跳动在海外正式推出了与抖音类似的短视频产品TikTok。当时美国短视频企业Musical.ly的用户增长正在放缓，字节跳动决定尝试收购Musical.ly。2017年11月，收购正式达成，此后字节跳动将 TikTok 和 Musical.ly 进行品牌合并。

在美国、印度等国家，TikTok 很快成为当地下载次数最多的社交应用程序，每天数以亿计的人使用 TikTok 来观看对口型表演、舞蹈、喜剧小品短视频，成为中国企业开发的第一款在世界范围受欢迎的消费类互联网产品。数据显示，2020 年 TikTok 的全球月度活跃用户数高达 8 亿，是全世界被下载最多的非游戏类 APP。走到这一步，YouTube 花了 6 年，Instagram 花了 7 年，Facebook 则花了 12 年，而 TikTok 仅用了 3 年。

Facebook 创始人扎克伯格承认，TikTok 是脸书在全球市场遇到的第一个中国对手。TikTok 在距离 Facebook 硅谷总部不远处开设了办事处，并发布高薪招聘信息。字节跳动实现了在与国外巨头的正面交锋中有所作为。

2020 年，字节跳动面临的国际形势异常严峻。TikTok 接连被印度、美国两大市场以“用户数据安全”为由拒之门外。8 月，美国总统特朗普悍然发布行政命令，以“国家安全”为由封杀字节跳动，要求 TikTok 在 90 天内出售其在美国的业务。8 月 23 日，字节跳动宣布将正式起诉特朗普政府。TikTok 在美国拥有超过 1 亿用户，1500 多名员工，以及数千家合作伙伴。TikTok 美国业务此前的市场传闻售价在 200 亿至 500 亿美元。

击水中流：中国媒体突围之路

就目前而言，中国新媒体仅在社交领域取得成绩，而要真正具备全球性影响、征服世界各国用户，最终要靠内容。张一鸣等多位新媒体领导人都曾提出要做全球创作和交流平台，像谷歌一样不设边界，变成内容产业的基础设施。

这一设想有其合理性，但实施难度较大。在高度重视知识产权的发达国家，新媒体平台的运行需要向每一个版权所有者购买内容，由此带来高额的财务成本和时间成本。而在普遍付费意愿不足、变现困难的发展中国家，媒体市场竞争也同样激烈。因此，长期的高额投入是中国媒体面对的首个门槛。

中国新媒体要建立全球影响力，就必须花大力气进行针对性的内容建设和与用户的互动，在国际性的中英文平台发出中国声音、宣扬中国故事、贡献中国智慧，展示中国特色社会主义制度的优越性，体现中国特色道路的魅力，让世界各地的人们全方位地了解真实、立体的中国。

作为网络编程的基础性语言，互联网上英语的使用频率高达 90% 多，因此，要注重建设中国特色社会主义文化的海外宣传网页，将中华优秀文化内容翻译成英文，形成独特的中华文化资源库，进而提升中华文明在世界的知名度和影响力。

要明了自身的定位和国外用户的需求，而不是仅仅把国内的内容翻译成其他语言发布出去，或是简单地搬运国外的低成本信息内容。国内新媒体经过多年市场化运营，对如何争取国内用户很有经验，但要走出去就必须和国外真正的专家和制作团队合作，广泛借助自媒体和合作者的力量，在异国他乡重现辉煌。

在对外宣传工作中，要正确理解和传播中国文明的核心价值观，敢于正面应对西方舆论，才有可能把中国声音、中国方案传扬出去。在应对诸如中国威胁论、经济崩溃论、政治渗透等言论时，中国媒体不能坐视不管，要主动出击、积极创新、勇于开拓国外的市场和引导受众的需求。

半岛电视台、今日俄罗斯等非西方媒体克服重重困难，在国际传播领域打下一片阵地的做法值得学习。这些媒体之所以能逐步扩大影响力，建立起自己的受众群体，原因之一是立场坚定，在焦点问题上敢于发声。制作大量第一手的、有自己独特观点的现场新闻，才能在多元化的舆论场里引起西方的注意。

加强网络空间的思想工作，必须以开放的胸怀，积极吸收、借鉴人类一切优秀的文化成果。人类文明虽然千差万别，但各民族文化的价值归宿是共通的，都是向善向上的。在网络连接全球的时代，不同文明之间的碰撞更加频繁。我们应该以包容的态度，积极借鉴其他文明成果，不断推进中华文明的革新，构筑起与全球网民互联互通的网络文化共同体。

小贴士 中国媒体既要立足传统，又要突破传统，依托现实，坚持创新，才能真正实现走出去。

西方民众一向对具有宣传意味的内容持有警惕态度，而更易于接受强调互动、平等、沟通、互利的内容。媒体在报道时要注意多元主体的表达，尤其要注意克服所有信息均来自政府官员这种一边倒的情况，公民记者、社会组织、成功者个人、普通民众，都是合适的表达主体。

积极弘扬中华优秀传统文化。中华优秀传统文化承载着中华民族的过去、现在和未来。中国文化博大精深，绵延五千多年，是构建中华民族共同体意识的精神源泉。在马克思主义唯物辩证法的科学指引下，我们必须坚持不忘本来、吸收外来、面向未来，积极推进中国优秀传统文化的创新性发展、创造性转化，让中华民族最基本的文化基因与当代文化需要相协调、相适应，讲好中国人的价值理念、精神状态、文化素养、历史传统，让广大网民喜闻乐见、易于接受，充分发挥中华优秀传统文化的时代价值和非凡魅力。

四川女孩李子柒1990年出生，自幼和乡下爷爷奶奶生活在一起。2015年，李子柒开始自拍自导古风美食短视频。在拍摄内容上，李子柒选择了最熟悉的农村，将农村生活搬上网络。因为精美的构图和悠闲的生活节奏，她的视频更像是田园纪录片，受到了无数人的追捧。世界各地的人们通过网络看到她做竹子家具、文房四宝，做衣服、烤全羊、酿酒、酿制酱油……总之，几乎没有李子柒做不出来的东西，无数外国人由此认识和爱上了中国文化。

2017年4月，李子柒制作秋千的视频全网播放量达到8000万，之后她成立了自己的文化传播公司。2020年4月，李子柒在境外视频平台上粉丝突破1000万，成为首个破千万的中文创作者。媒体评价，李子柒已成为输出中华优秀传统文化的杰出代表。

除向世界宣传中华优秀传统文化外，改革开放后的中国经历了多年的经济繁荣，很多国家的人民对此都感到羡慕，包括西方国家的中下阶层民众。普通中国人的奋斗故事、情感经历、心路历程，一直是西方媒体热衷于报道的素材，可以在此方面多加尝试。

小贴士　那些属于中国人民珍藏记忆的艰辛奋斗历程值得认真开发和对外推介，这是真正有可能打动国外民众的信息。

和国外新媒体的合作至关重要，半岛电视台、今日俄罗斯都将对外传播的主要阵地放在了Facebook、Twitter和YouTube这三大网络平台上。虽然道阻且长，但和国外媒体的正常合作应当坚持下去。要善于团结海内外一切可能团结的机构和人员，如此才能真正做好外宣工作。

中国资本已经在海外有了立足点，但要立稳脚跟并且获得市场的广泛认可，还有漫长的道路要走。鉴于5G作为新的技术平台业已推出，中国新媒体可以使用5G技术为用户提供更快捷、便利的软件或硬件服务，从用户端获得有效反馈，推动进军全球市场。

小贴士　要通过“一带一路”把自己的精神成果输出去，让世界了解前进中的中国，做到兼济天下、互补共赢。

案例

在西方反客为主的“今日俄罗斯”

西方主流媒体长期被少数寡头控制，并依靠信息霸权对国际舆论施加影响。这些主流媒体向世界各地派驻记者，控制着新闻信息源和分发渠道，将非主流媒体当成他们的传声筒、扩音器，对包括俄罗斯在内的多个国家进行长期的舆论攻击。

2005年，普京政府斥资3.5亿美元组建“今日俄罗斯”（RT），RT既是一个24小时播出的英语新闻电视台，也是俄罗斯首家全数字化电视网。2013年，RT正式成为俄罗斯的官方外宣媒体集团，和西方主流媒体分庭抗礼。

目前RT在全球各地共拥有2000多名员工，通过俄语、英语、阿拉伯语和西班牙语4种语言进行24小时的不间断播放。RT在全球1000多个国家拥有6.3亿观众，通过30个卫星以及500个有线电视运营商播出节目。近年来，RT在“外媒报道量增幅”和“国际主流媒体报道曝光度增幅”两项统计中，都位居世界主要媒体前列。

作为俄罗斯国有的新闻媒体，从创建伊始，RT就把传播俄罗斯观点、以俄罗斯视角看世界列为首要任务，并且向各国受众讲述俄罗斯对当前局势持有的观点，在敏感事件上与西方媒体据理力争。在国际事件上，不论在报道题材还是评论观点上，RT都站在CNN、BBC等老牌西方媒体的对立面。

RT以鲜明的观点和深度的报道迅速绑定了具有批判性思维能力的精英人群的视角，一定程度上影响了西方在外交问题上的主流舆论。近年来，RT对叙利亚战争、攻占华尔街、关塔那摩虐囚、维基解密事件、“占领华尔街”等西方媒体规避的话题持续进行专业和深度解读，在国际新闻领域获得较高的声誉。

诞生于互联网时代的RT，面对着更为年轻化和碎片化的用户群体。为此，从成立之初，RT就注重通过社交网站来扩大自身影响力。RT在Twitter、Facebook、Google、Live Journal、Instagram等社交媒体上建立自己的频道。在YouTube等社交平台上，RT成为许多西方国家年轻人获取新闻的重要途径。

RT一直着力建立多层次的新闻合作和内容分发平台。开办的Free Video网站为全球185个国家的16000多个电视频道和新闻机构提供免费的视频下载服务。成立的短片新闻通讯社RUPTLY，有偿提供来自全球热点地区的实时新闻和存盘视频。

由于在内容和意识形态上的咄咄逼人，RT正在欧洲和美国遭遇来自政治层面的巨大压力。2017年9月，美国司法部要求RT登记为“外国代理人”，以进一步限制其影响。但无论如何，RT对于舆论制造和善于利用新媒体传播都值得借鉴，其为俄罗斯建设海外形象和维护国家利益发挥了至关重要的作用。

为正义声辩：自媒体的价值

近年来，随着我国综合国力和国际竞争力的不断提高，大众的爱国热情和民族自尊心越发强烈，通过自媒体积极发声、反驳外界不实指控成为人们表达爱国情感的重要手段。

种类繁多的自媒体平台为大众情绪表达提供了场所，各个年龄段的人群都能便捷地获取信息，与同类人群聚集，满足信息需求。在热点事件的推波助澜下，公众的情绪极易得到大规模的传播和扩散。

当国际事件引发的网络舆论触动大多数人的神经，涉及大众群体的利益或情感诉求时，就会激发出线上乃至线下的群体行为。在我国这一现象最早可以追溯至1998年的抗议“黑色五月暴动”事件，北京大学学生自发通过“未名BBS”论坛组织线下游行示威活动，抗议印度尼西亚发生的一系列排华言行。

此后，日本扭曲历史、两岸统一、国产航母下水等相关事件都曾引发网络群体行为，网友大量发帖、跟帖、留言评论并转发，借此来表达对国家发展蒸蒸日上的骄傲与自豪，以及对某些势力抹杀历史事实的愤怒，在现实生活中引起了巨大反响。

2016年网络质疑台湾艺人周子瑜支持“台独”而导致的一系列舆论风波事件中，大陆90后青少年网民借助表情包的形式，对《苹果日报》、周子瑜、蔡英文等媒体和个人的Facebook账户发起表情包“大战”，将原本互联网中互动交流的表情包变成宣传反对“台独”、两岸一家亲、和平统一等思想的载体，以此宣告维护国家主权和领土完整的决心。

在国际互联网平台，面对以美国为首的西方国家发布不当言论，企图干涉我国内政的行为，无数慷慨激昂的网友从论坛、微博和其他社交媒体自发会集在一起，通过自媒体发布爱国内容表明中国的态度，引领国际舆论风向，回击不友好的声音，在网络上表现出坚定的国家认同感。因此，利用自媒体平台对外发声，完全可以成为我国对外宣传的重要渠道和窗口。

网络空间是一个开放性、通达性的互动交流的公共场域，很容易形成公共性、一致性的意见汇聚。自媒体平台必须抓住信息传播的时、度、效的尺度，积极主动掌握网络空间议题设置的主动权，设置国际社会广泛关注的话题。这不仅可以反映用户对于特定事物的观点，也可以改变和强化公众的观点，推动塑造国家形象、构建对外话语体系。

随着中国综合实力的提升，国际舆论从国家战略性决策、政治生态到具体层面的管理措施等，对我国的关注越来越深入，自媒体可以借此机会面向国际设置关于“中国人的价值观”“中国发展理念”“中国梦”“一带一路战略”“人类命运共同体”等议题，引导国际社会充分认识到我国是崇尚和平、负责任的大国，是推动国际社会更加开放、文明、繁荣的正义力量。

此外，对国际舆论空间中别有用心的不良言论与意识形态渗透，可以通过转发主流媒体观点和权威声明予以辟谣，邀请专业人士进行理性分析，引导受众理性思考。如在新冠病毒源尚未有定论的情况下，部分海外媒体毫无事实根据地发出新冠病毒是“中国病毒”的谬论，妄图借此机会让中国背上传播疫情灾害的黑锅。面对污名化言行，自媒体平台要明确表达坚决反对的态度，指出这种做法是别有用心的炒作，世界各国应该采取共同应对疫情、共同抵制谣言的科学、理性与合作的态度。

当然，自媒体工作者本身构成复杂，也会有极端民族主义者利用国际网络鼓吹和发表歧视、仇恨的言论，造成不良影响。广大自媒体平台要始终坚持正确的舆论导向，在维护网民知情权、参与权、表达权的同时，主动引导负面消极的信息朝着健康的舆论方向发展，要以理性的爱国行为对错误的思想予以抵制。

负责任的自媒体平台应以形式多样的舆论氛围，潜移默化地培养海外网民的中国印象，让他们领会什么是中国、其深厚的底蕴是什么。在这种教育环境中熏染的网民会倍加珍惜来之不易的和平与稳定，成为构建国际和谐社会的重要因素。

我国正处于社会转型中，各种思潮纷乱杂陈，公众的民族意识需要正确引导，使其能够更自觉地宣传爱国思想，维护国家和民族利益。自媒体的传播是维护国家和民族利益，在海外发出应有声音的一份力量，值得认真研究和有效运用。

案例

“帝吧出征，寸草不生”

“帝吧出征”是近年来中国网络集体行动的最新形式，具有强大的动员力和战斗力。在民族主义、爱国主义等话题的刺激下，众多网民倾向于选择以“出征”的方式对其他网络社区表达不满和抗议。所谓“出征”，即通过发送表情包、口号、标语等形式，以扰乱其他网络社区正常运转，达到“爆吧”的目的。

自 2019 年 6 月以来，香港反对派和一些激进势力借和平游行集会之名，蓄意制造暴力冲突事件，Instagram、Facebook 等海外网站无视事实，对此歪曲报道，攻击特区政府。2019 年 8 月 17 日晚，帝吧对 Instagram、Facebook 等海外网站发起出征，以表达中国网民对不实报道香港问题的不满。

这是一场有策划、有组织的出征。先在官微设置议程，集结人马，后通过 YY 语音直播和 QQ 群安排出征成员分工，包括翻译、文案、美工、视频制作等工种，井然有序，战绩斐然。

在帝吧网友发现自己账号被封，无法继续作战时，另一有影响的网络追星群体“饭圈女孩”加入战斗，继续用红色的国旗图片刷屏，占领相关话题，痛斥诋毁“阿中哥哥”（即中国）的言论，使出征的影响力在海外不断扩大。

帝吧网友与饭圈女孩本是两个毫无关联的网络亚文化群体，因为共同的家国情怀而集结到一起，开始“破圈合作”。这次不约而同的合作被主流媒体所关注，央视微博为此设置议程“饭圈女孩为阿中哥哥打CALL”，该条微博一天之内点赞数达105万，让此事件在国内影响力扩大到更大范围。8月18日晚的新闻联播也提到帝吧网友和饭圈女孩，称“止暴治乱是14亿中国人的共同心声”。

这次成功的合作，不仅让社会公众更加认可这群青年，也让不少海外媒体意识到中国大陆网民的团结。

本章小结

中国媒体要建立全球影响力，必须以新媒体为突破口，明确自身的定位和国外用户需求，做好有针对性的内容建设和与用户的互动，让世界各国人民全方位地了解真实、立体的中国。自媒体平台可以成为我国对外宣传的重要渠道和窗口。

引申思考

1. 面对西方舆论战，如何建立国内主流媒体在海外的影响力？
2. 补贴新媒体，使其成为海外发声的主渠道是否可行？
3. 如何有效管理和引导自媒体参与海外宣传工作？

第八章

新媒体与地方发展

形象推广：网红城市的火爆

随着新媒体平台影响力的日益增长，尤其是得益于抖音等短视频，重庆、成都、西安等城市的形象在网络上火爆传播，“网红城市”开始成为一种打造城市品牌的传播方式，在传播地域文化的同时，也创造着巨大的商业价值。

作为最显性的文化符号，城市的地标建筑往往最先在新媒体上转变为“网红地标”，进而带动“网红城市”，为城市品牌的建设、形象塑造和战略定位带来了新的机会，对城市发展文旅产业、推广宣传等起到了有效的推动作用。一些有远见的城市站在互联网内容产业的风口上，借助新媒体传播手段将自身打造成网红城市，从而吸引90后、00后群体等新时代消费主力的注意，实现城市品牌的快速传播。

新媒体技术给人们提供了使自身对于城市形象的解读得以个性化呈现的机会，这也导致了不同个体对城市地理空间的多样化建构。短视频的崛起改变了网民的社交形式、消费习惯及媒介生态等，伴随着互联网的发展而成长起来的90后、00后年轻网民，喜欢新鲜事物，天然带有“去中心化”性质的短视频正合其口味。

传统媒体时代，大众传媒创造了城市品牌的形象和想象力，选择的城市建筑地标、文学艺术成就等典型意向大多呈现的是庄重而肃穆的形象。然而到了新媒体时代，媒体往往针对年龄、二次元、小众圈层等特征进行“精准式”的信息推送，所选择的意向更加个性化和分散化，对特定对象具有冲击力。

成都的城市品牌曾由政府主导进行传播和营销，如张艺谋导演的《成都——一个来了就不想走的城市》，为成都打造了“休闲之都”的城市形象。而到了短视频阶段，《成都》歌曲讲述成都的故事，春熙路、宽窄巷子等打卡胜地与成都“休闲之都”的城市镜像重叠，给了城市形象以新的诠释。

对于重庆，这座城市的“山城”形象在短视频里得到了具体而生动的展示，让从未来过这座城市的观众有了亲身体验的冲动。“穿楼而过的轻轨”“你以为是1楼，其实在27楼”等生动、有趣的视频表达方式，让重庆的洪崖洞、长江索道、解放碑、李子坝等地标和火锅、山路台阶等鲜明地域特征成为传播热点和高频旅游打卡地点，重庆多样化的美食和极具特色的美景闻名四方。

只有当城市宣传被赋予人文温度，传递打动人心的城市故事，借助城市故事的情感内核凸显城市风格，才能建立起这座城市与其他地区陌生群体的情感联结。新媒体平台因传播迅速、互动性强、情感纽带特性和便于建立潜在商业联系等优势，可以在地方建设与新闻传播中扮演重要角色，成为地方政治、经济和文化发展传播的主要宣传渠道。

作为城市形象展示及意义建构平台的新媒体，不仅反映现代城市居民的生活，更可以成为城市居民参与城市形象塑造与传播的主要渠道。新媒体不仅可以邀请用户在媒体平台以“晒照”的方式对现实地理空间进行个性化内容生产和小范围传播，同时也可以“向内挖掘”，打造有人文内涵的媒体专项制作内容，打破单一雷同的地方形象，使寓于城市景观中的人文自然焕发生机。

必须指出，新媒体平台对于现实地理空间的呈现也具有片面性的特点，很多看似光鲜亮丽的呈现，背后是现实环境被媒介包装后的落差。新媒体平台的发展普及激发了人们分享旅行的欲望，人们倾向于以自由行的方式出门旅游，实地体验。但新媒体平台上所呈现的地理空间样貌和真实的地理空间常常产生落差，会影响人们对现实存在的评价。

案例

城市形象看抖音

在城市形象及文化的传播上，抖音成就累累。在快速、碎片、扁平化的网络语境下，城市的走红可能只需要一则短视频，抖音提供了一种轻巧和时髦的城市宣传发展策略。

2018 年，“摔碗酒”“穿楼轻轨”等短视频的病毒式传播，让西安、重庆等城市成为“抖音之城”。长久以来，西安的传统形象是与“古都”紧密相连的，而在短视频阶段，摔碗酒、毛笔酥等具有西安本地特色的传统文化走进公众视线，使西安的城市品牌形象得到立体化的更新，吸引了更多人前来体验。

西安市发布的数据显示，得益于抖音推广的效应，2018 年清明假期期间，西安接待游客 380 万人，旅游总收入 14 亿元，分别同比增长 38% 和 49%。

抖音上有 11 个视频量超过百万的“爆款城市”，除重庆、成都、西安三大网红城市外，还有北京、上海、深圳、广州等传统旅游名城。从视频内容来看，涵盖地方饮食、商业景点、城市景观、地方文化、自然景观、政府形象、历史景点、市政设施等诸多元素。

抖音流量并非完全被大城市占据，一些小城市也能输出有地域特色的热门视频，如美食、城市景观、经典建筑、方言、非遗文化等。这些热门短视频超过七成来源于普通用户的个人创作。

2019 年 10 月正值浙江嘉兴的汉服文化活动，美轮美奂的汉服配上中国古风背景音乐的短视频在网上一经推出，让原本小众的汉服文化“动起来”，对传统文化的弘扬及传播起到了推动作用，吸引了更多的年轻人参与。

产品促销：喧闹的带货经济

网络直播销售产品是新媒体的功能之一，造就了无数日进斗金的“带货主播”。如有“淘宝第一主播”、杭州文化旅游推广大使头衔的著名主播薇娅，2019年“双十一”期间，创造了引导成交超过30亿元的纪录。从地方发展角度而言，利用新媒体的人气和影响力带动本地产品销售，促进产业成长，是具有现实效益的发展举措。

一直以来，常有一些地方的党政官员为推动当地经济社会发展，积极主动投身网络直播带货，如淘宝就组织过官员参加的电商直播活动，推荐当地土特产品。2020年，广东、浙江、福建、河北、山东、湖北、湖南、广西、海南等省区市的地方政府为拉动本地经济，陆续开展地方党政官员网络直播带货。3月15日，淘宝“春播月”活动更是有超过100位县市长参加直播，向全国网民推介数千款特色农产品，为助力地方经济早日走出不利影响采取了一系列的创新尝试。一时间，网络直播迎来发展新热潮，成为舆论关注热点。直播带货的实质是释放网红的能量，实现产品与用户的直接连接，显著降低交易成本，提升交易效率。

值得注意的是，如今的直播带货日益跨越界限，不仅限于淘宝、京东、拼多多等专职电商网站和抖音等短视频平台，而是向社交媒体乃至新闻媒体扩散，穿插在媒体日常运营内容中。特别是在很多基层地区，县级媒体除了承担新闻和政策信息类的传播，还以带货的形式助力当地经济发展。未来地方政府应充分发挥地方融媒体中心的作用，构建“直播＋电商＋短视频＋政务服务”一体化的立体化传播体系，这可以作为地方融媒体中心的一个重要发展方向。

为了助推当地农产品销售，新疆库车县融媒体中心有针对性地制作了推广小视频，在融媒体中心的全媒体平台上发布，并标明销售联系方式。融媒体中心负责人表示，一般上午推送小视频，到下午就已经售罄，咨询购买的电话源源不断地从内地省份打来。融媒体中心作为县级传播机构，在推广农产品方面的影响力超越了县域，在库车和内地省份之间架起了一座桥梁，加速了当地群众融入现代化的生活方式。

网络直播的传播语境和传统商品销售环境并不相同，如主播一般使用“宝宝”“老铁”“OMG，买它”等网络语言，这对地方官员等非职业卖家来说往往不易适应。官员直播带货从性质上说不是个人传播行为，而是组织传播行为；传播目的不是实现自己的经济利益，而是履行地方经济社会的治理职责，促进属地经济社会发展。

从媒体报道来看，官员直播带货往往成绩可观，普遍提升了当地商品的销量、知名度和美誉度，提振了地方各界恢复经济、发展经济的信心，其背后的政府权威性和公信力起到了重要作用。

受此鼓舞，很多地方开始将时间分散、产品单一的直播整合提升为时间集中、产品多元、形式多样的网上直播交易会，如 2020 中国（石狮）网上直播交易会，全天候、不间断推荐各类产品，带动地方经济高质量发展；有的地方开始对农民等群体进行电商培训，努力实现选品、设计包装、采购、物流和客服整个产业链的标准化，以保证网络销售的高质量和可持续。同时，网络直播的内涵也在进一步丰富，包括推介地方旅游、产业园区、优秀医疗教育资源等。

官员直播带货热，标志着我国互联网经济实现了国内的全面覆盖，进入了全新的深耕阶段。2020 年 4 月 20 日，习近平总书记在陕西考察时来到商洛市柞水县小岭镇金米村培训中心的网上直播卖货平台前，赞扬其“大有可为”，表示了对新媒体社会价值的高度认可。

促进社会治理：百家争鸣，共治共享

新媒体在影响人们的生活方式、价值观念、表达方式、互动形式等方面的同时，也对基层社会治理产生着深刻的影响。我国基层社会治理的目标是引入多元主体，通过引导、协商、沟通的方式，构建一个共建、共治、共享的治理体系，这就需要充分利用新媒体特点并发挥其优势，发动公众积极参与基层治理。

在新媒体平台上，每个人都可以平等的身份去发布信息和接收自己所需要的信息，表达个人诉求，不会受社会地位、金钱财富等因素的影响，这就激发了人们表达个人诉求的意愿。群众可以通过新媒体终端向政府部门表达自己的诉求，政府部门也可以最快速度了解广大群众的诉求并及时反馈，“向下”发布公共政策信息，形成了一种良性的互动，这种互动即时、便捷、有效，强化了政府部门与基层民众的密切联系，激发了群众参与社会治理的热情。

2020年七夕节前夕，有网友考虑到当天长沙地标性的五一商圈周边人流量、车流量必将大增，提前通过微博@长沙交警，向交警表达感谢之意。收到微博后的长沙交警决心以行动回应市民，在五一商圈步行街周边将交通信号灯红灯临时改造为“爱心”形状，发出“爱TA就护TA安全”的倡议，呼吁市民遵守信号灯、礼让斑马线，关爱TA的交通安全，暖心过“七夕”。长沙推出爱心红灯的视频一经发布，广大网友纷纷发出羡慕嫉妒的声音。

新媒体技术为受众提供了新的信息传播方式与互动模式，这就使得政府与基层民众之间即时性互动成为可能，利用新媒体优势开展满足人民群众需要的社会服务实践，实现基层办事信息的网络化，及时接收来自基层民众的问题反馈，第一时间解决其诉求，可以显著改进政务服务手段与途径，提高了基层社会治理的时效性和实效性。

随着我国政府不断推进政府数字化转型，公众积极监督、参与互动、意见反馈等的意愿与能力得以提升。基层民众通过新媒体随时随地可以看到政府门户的各类公告信息、政务公开网站上的信息披露与通告，促使每个级层的民众更好地行使监督权利，凝聚起人民的智慧参与到基层社会治理之中。

基层社会治理的一项重要工作就是关注基层舆情危机，在开放的网络环境中，同样应该加强对新媒体传播内容的甄别，保证公众传播和接收到的信息具有良好的政治方向和价值导向，这对于基层社会治理有着重要的意义。基层党组织应该掌握网络宣传阵地的“话语权”，对新媒体传播的信息进行合理的监管，加强对基层民众的思想引领，形成一个“向心力”，提升基层社会治理水平。

基层干部要善于利用网络 APP、微信公众号、官方微博等新媒体手段引导基层民众合理表达情绪，培养健康向上的网络生态，提高民众的网络素质，及时解决基层民众所关心的问题，积极公开信息和事实，不断提升舆情处理能力。

关乎群众切身利益的相关政策和决定通过新媒体征求意见，更容易深入人心，更有利于广泛传播和推广，大大提升基层社会治理的效果。如今很多城市社区都开通了自己的微博、微信公众号，制作小程序，定期进行社区事务和信息的公开发布，对于社区的管理措施开展网上集中讨论，对一些事务进行表决，既方便有效又征求了公众的意见。

利用新媒体和终端设备就能方便地实现基层社会治理参与，能够让基层社会治理变得更加科学，更紧密地联系起政府与民众，客观上促进了基层社会治理多元治理结构的形成。

在基层社会治理过程中应该建立良好的沟通渠道，不断完善对基层民众的教育引导。传统的宣传教育手段受到时空的限制，导致受众群体有限、实效性差、形式单一等问题的产生，新媒体的传播方式可以有效地克服这些不足。通过建立微信公众平台、微博和各种宣传 APP，融入影像、文字、图画、音乐、动画等元素，注重公众参与和互动，让宣传内容更加具有吸引力和感染力。在多种平台上，还可以针对特定的受众，开展特色鲜明、主题多样、便于传播、符合其自身发展需要的教育，引导基层民众实现自我教育、自我服务。将传统媒体和新媒体有机结合，积极宣传党的理论、路线、方针、政策等，能够更好地实现党和政府对基层民众的政治引领作用，更加凸显宣传教育的效果。

基层社会治理是国家治理体系的根基，创新基层社会治理需要依靠广大群众的一些力量。特别是在一些地区，面临舆论引导难度大、谣言频发、境外敌对势力干预、分离势力干扰等问题。利用新媒体技术可以营造开放沟通的平台，打破传统观念和固化思维，拉近与人民群众的距离、不断创新基层社会治理的工作方法，加快构建基层社会治理新格局。

本章小结

新媒体不仅能传播地域文化，也可以创造商业价值。其所选择的城市形象意向更加个性化和分散性，对特定对象具有冲击力。

地方发展可以利用新媒体的人气和影响力带动本地产品销售，促进产业成长，应充分发挥融媒体中心的作用。

我国基层社会治理离不开新媒体，新媒体有助于发动公众积极参与基层治理，提升了公众积极监督、参与基层治理的意愿与能力。

引申思考

1. 传统媒体对地方形象的塑造是否有价值？
2. 直播带货能否实现常态化，能否取代传统商品销售渠道？
3. 群众通过新媒体参与基层治理是否会增加基层干部负担？

第九章

新媒体的运营

流量制胜：新媒体运营特点

新媒体产业的发展水平与宏观经济的景气与否密切相关。当宏观经济运行良好时，客户对信息服务的需求将会增加，从而促进新媒体产业的健康、快速发展；当宏观经济不景气时，客户对信息服务的需求在一定程度上将会收缩，导致新媒体产业发展停滞。因此，宏观经济的波动会对新媒体产业产生影响。

如前所述，目前按照运作主体可以把新媒体大致分为政务、企业、自媒体等，从内容覆盖角度又可以分为平台类和垂直类媒体。平台类流量大，但用户黏性相对小，主要功能在于吸引和分发流量。垂直类媒体为特定行业、用户的需求服务，小众化传播的倾向明显，具有分化性和专业性特征。垂直类媒体比起兼收并蓄的平台类媒体更讲究精耕细作，用户黏性相对较大。

与“言义不言利”的传统媒体相比，新媒体在自身经营和市场开发上往往更为激进，敢于尝试各种企业化行为，更多的是像文化企业而不是“事业单位”。为吸引外部关注，新媒体普遍采取线上线下推广相结合的手段广泛宣传自己、赢得读者。

作为新生事物的新闻资讯平台，从最初的门户网站、社交网站到如今全面嵌入生活，以算法推送为核心的人工智能技术实现了精准传播，能够吸引和累积海量用户。算法将用户“分类”，本质是文化工业化生产的逻辑，将个性鲜明的用户再次模糊为某一类，对其进行更封闭、更具依赖性的投放。用户从接入平台的第一刻起就在向平台提供个人数据，除了社会关系、位置信息、消费爱好外，分享、评论、点赞等每一次微小实践贡献的流量和数据本应是个人隐私，也被平台作为商业资源无偿占有。

流量原指规定时间内通过指定地点的车辆或行人数量，在移动互联网语境下，则用来记录手机在浏览网页时所下载接收到的字节数，现在则泛指用户在网络上浏览、点击、播放等一切耗费时间和精力的行为所产生的数据，代表网络对用户的注意力攫取。

平台化的商业模式则借助用户和数据优势，以延展产业链为核心，拓展业务范围，聚集各类垂直应用，向新的互联网领域、传统行业甚至传统公共服务领域渗透和扩张，体现了资本的增值。平台凭借自身调动和分配资源要素的能力，作为中介将上下游不同产业的信息资源、市场资源、政策资源等相互嫁接，信息要素在各产业部门中的重要性凸显，促进了信息流通和资源高效配置。

舆论的扩散过程是社会各界对舆论议题进行阐释的过程，也是各种社会意见充分互动并引发讨论，形成多元化意见格局的过程。各种意见互动的过程中出现优势意见，压倒多数，最后聚合成为主流意见。优势意见形成之后便会产生一定的舆论效果。事件发酵、意见扩散和聚合的过程都更易受平台规则的操控。

2014 年春节，腾讯旗下的视频网站“微视”邀请某位明星拍摄了一段拜年短片，迅速成为网络上最热门的产品之一，诸多新媒体平台也采用了相同的运营策略，请明星站台以吸引用户。

受此次推广的启发，主流新媒体纷纷盯上了春节档期做推广，春节这个传统佳节成了互联网企业的竞技场。2015 年的央视春晚被称为“红包春晚”，就是因为引入了微信红包的功能，全国观众在整个春晚过程中都可以通过微信“摇一摇”功能和演员实现互动，分享春晚赞助商送给全国观众的百亿红包。随后阿里巴巴旗下的支付宝、淘宝，以及百度也先后与春晚合作开展红包互动，将“红包”这一流传千年的传统文化习俗进行了推陈出新。

目前，碎片化阅读趋势也导致社会语境碎片化，热点事件层出不穷，受众市场细分化，至今没有一家媒体能够对舆论做到绝对的覆盖与引导，网络话题始终保持着多元化的特点。新媒体的目标受众按年龄、性别、种族、社会地位、文化程度、兴趣爱好、专业程度等被划分为一个个群体，只有有针对性地为自己所服务的群体提供信息才能赢得应有的关注。

“原创”是媒体的一种经营方式，相当一部分新媒体的品牌价值是靠优秀的内容原创团队创造的。还有一类新媒体则将内容集成、及时分发，抢第一落点，以此获得更多的用户。这类媒体没有传统媒体的负担，其内容分成方式、媒体组织架构、运营体系都是互联网的方式，这是业界现在所关注的新生事物。

微信公众号“华尔街见闻”没有任何传统媒体的基础，是完全在移动互联网基础上产生，以转载财经新闻资讯见长的一家新媒体机构。其规模不大，但是很有创新性，在一些重大财经事件的及时性、权威报道方面具有领先优势。

新媒体经营往往依赖于网络数据，但数据失真的现象比比皆是。目前，网络领域的数据造假已然成为一条成熟的产业链。造假成本低，造成参与各方真伪难辨，也增加了新媒体经营的信用成本。

一些微信公众号的浏览量在过去几年里始终保持着高速增长态势，但其中很多属于“刷量”行为，即使用专业软件伪造数据作弊。2016 年下半年，有关微信公众号刷量工具崩溃，导致不少公众号文章阅读量直线下滑，一些平时“10 万 +”级别的火爆文章显示出仅有数千阅读量。

据估计，存在数据造假行为的微信公众大号中，平均数据真实度约为显示阅读数的 30%，这是一些新媒体过度注重商业价值而造成的不良后果。

在内部运营和管理的革新上，新媒体普遍进行了有益的探索，采用了更加市场化、更激进、更符合用户需求的手段和措施，如股权激励、风险投资、“烧钱”换市场份额、线上优惠与线下造势活动等，值得传统媒体借鉴。

在人力资源方面，新媒体队伍中初期来自传统媒体的人才较少，更多的是从其他行业转行而来，如 IT 与通信行业、金融投资行业、制造业等，更多呈现为技术导向，从市场营销而非媒体传播角度看待问题。近年来，新媒体已成为传统媒体人才的用武之地，在管理风格和内容建设上更多回归到媒体自身规律上来。

字节跳动创始人张一鸣曾在多个场合的演讲中谈到有关人才与激励的问题，认为媒体运营的核心就是要通过构建运营体系、生产要素，让公司与个人有好的投资回报率。很多创业公司给初期骨干员工很高比例的期权，但这种股票期权奖励的不是员工的业务能力，而是他们的投资能力，个人的回报取决于其在什么时候加入公司。对策就是把更多的激励放到事后年终，如给予高额（几十个月的收入）年终奖，将激励与个人贡献挂钩，而不是与投资眼光相关。

争夺眼球：新媒体受众分析

受众是指信息传播的接受者，包括报刊读者、广播听众、电视观众以及网民等。宏观上指广大人群的集合体，微观上指各种各样的人。

在传统媒体主导的时代，媒体是一门专业化程度较高的职业，新闻事件经过采访、撰写、编辑到最终发布的加工流水线到达受众，传播的单向性较强，受众以接受信息为主，向媒体反馈信息的渠道较为狭窄。

我国的传统媒体历史上长期担负着宣传工作的功能，受众对媒体传递的信息给予了高度信任，一般受众都有“上了报纸（电视）的事，准没错！”的下意识思维，经常不加思考地接受媒体传播的信息。

在新媒体发展突飞猛进的今天，受众已由被动接受信息者转为选择性接受者，甚至转化为主动发布信息的一方。无论是传统媒体还是新媒体都必须充分了解自己的受众，才有可能认清现实，做到有的放矢。

如今，新媒体成了舆论主战场，社交媒体作用越来越大，新媒体用户越来越年轻化，泛二次元成了网络的主流。“主流媒体舆论场”与“民间舆论场”有所差异，更灵活的姿态和表达方式显然更能获得用户好感。

中国互联网络信息中心（CNNIC）数据显示，2018年，我国网民年龄结构偏向年轻，其中20—29岁年龄段的网民占比最高，达整体的26.8%。即时通信、搜索引擎、网络新闻等是网民最基础的互联网应用，其中网络新闻排第三，使用率为81.4%。

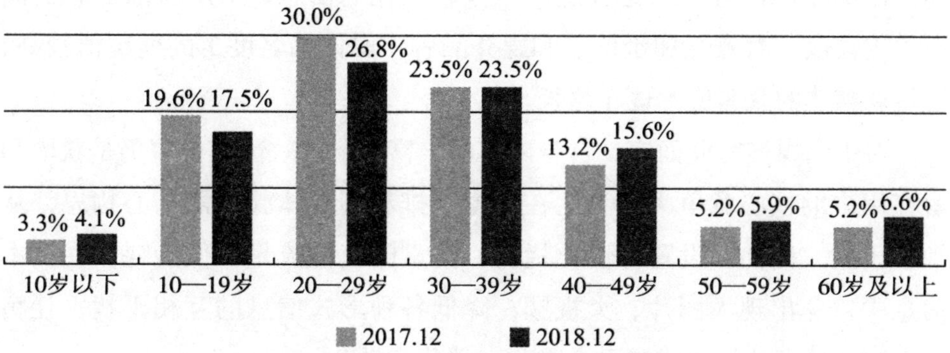

2017—2018年中国网民年龄结构变化（CNNIC）

目前，国内互联网发展的人口红利期已过，市场规模增速放缓，已由增量市场变为存量市场。新媒体时代，人人都是传播者，不可避免地带来了信息的冗余。广播电视节目繁多、报纸杂志版面扩充、自媒体的快速发展，受众深陷其中，重要信息很快就被铺天盖地的各种信息淹没。

新的新闻事件层出不穷，受众的吸引力不断被转移，但"国民总时间"却是恒定的，每个人每天只有24小时，在工作生活之外只有相对固定的时间段留给电脑和手机。受众处于信息海洋，也就无法挑选出重要信息并做出一定的反馈。

中国的移动应用市场竞争极为激烈，"创新则活，不创新则死"。据2018年12月统计，网上有449万个APP在争夺用户，其中5.8%为网络新闻内容，在每天12点和21点出现使用峰值。与此同时，20—29岁网民手机所运行的APP数量为平均45个，不同应用产品争夺用户的竞争空前激烈。

对此，很多媒体负责人认为，互联网大发展给媒体带来的流量红利已经不再，媒体应当准备迎战“下半场”。对于内容创业者或新媒体来说，这意味着如果不能产出差异化的内容，就很难像以前红利时代一样自动获得用户的注意。

信息的爆炸让用户的兴趣和注意力高度分散，多数网民没有耐心阅读深度的新闻内容，而是去追求一些碎片化的信息，对所获取信息的品质（丰富度、时效性和价值）和媒介品牌（媒体知名度）的期望值较高，使得新媒体的获客成本逐年增长。

对于新媒体行业而言，自身内容的丰富性、时效性和价值仍是获取和留存用户的核心竞争力。为此在内容编排和阅读体验上需精心构思，从细节出发，比如，设置个性化栏目，注重阅读低流量、低能耗，在文本信息中避免出现大图片、大视频，降低各种形式信息的互相干扰，让精华内容以最高效的方式被受众吸收、消化和转化。

受众作为媒体市场的消费者，对新媒体服务及产品具有购买权和选择权。如今我国新媒体受众的主体意识较过去已大为增强，凸显了自身对信息的分享和参与意识，对媒体的接触由被动到主动。主要表现在以下方面：

一、新媒体的发展实现了信息的多样化，信息覆盖新闻、社交、游戏、天气、出行、商务、专业资讯等各方面，受众可以不受时间、空间的限制获得自己所需信息，从而加深了媒体依赖，习惯于利用媒体来解决问题。

二、受众的媒体素养和意识得到提高，对媒体由敬畏到合理怀疑。新媒体在传播过程中对信息进行了再加工，受众获得的往往不再是原始信息。受众对新媒体传播下的信息内容产生了辩证思考，对新媒体传播信息的价值进行自主评判，由此成为新媒体的重要合作者。

三、新媒体的内容和表现形式朝着多样化的方向发展，受众对媒体信息的接受也相应发生了改变，导致受众内部由大众到小众的分化，出现了媒体数量众多、单个媒体受众有限的特点。

由于历史的原因，目前仍有一些媒体人的“用户思维”有待加强，也即贴近受众不够，不能有效地做到影响和争取受众。必须意识到，受众的变化日新月异，媒体人有必要深入了解、尊重用户体验，而不是自说自话，闭门造车。

案例

传统媒体与新媒体对突发新闻事件报道的相互影响

2013年11月3日下午，知名运动员孙杨驾驶一辆白色保时捷沿杭州体育路行驶，为了避让同向驶来的非机动车突然左打方向，导致紧跟其后的公交车与其追尾。交警很快到达事故现场，经过查询得知孙杨属于无证驾驶，将其带到交警队。晚上十多家媒体记者来到交警队，守候在现场。

当晚，孙杨就读的学院发布相关声明。第二天凌晨，孙杨在个人微博发表了一封道歉信。交警认定孙杨的无证驾驶属于违法行为，对其做出罚款2000元和行政拘留七日的处罚。孙杨就读的学院对其做出停赛、停训、暂停商业活动的处罚。

孙杨在微博的道歉言论一出，立即引发网友的强烈反响和舆论热潮。上午，新华社发布体育专电认为孙杨道歉没有诚意，对自己所犯错误认识不够深刻。随后新华社又连续发布评论文章，对受众意见做出直接回应。

除了孙杨道歉一事外，网民对孙杨此前在广告中为北京现代汽车代言一事也展开了讨论，4月3日当天孙杨的代言在新浪微博的转发高达3万条，尤其是杨澜的问题“作为一个没有驾照的人，你代言北京现代汽车有什么意义？”引发网友的热议。当晚中央电视台新闻频道《新闻1+1》节目咨询了相关律师，律师指出不真实的广告就是违法，这也体现了传统媒体在应对网络舆论时采取积极的态度，以合理的方式对舆论进行引导，通过采访权威专家回答网友关心的问题，减少网友疑问，引导正确的舆论走向。

在孙杨被拘留6天后，微博对孙杨的评论量大幅增加，对传统媒体的议题进行了放大，并对网友聚焦的主要疑问进行报道。网友们关心和聚集的热点是孙杨在看守所中是否有“特权、开小灶”等。《广州日报》经过了解后发布孙杨在看守所中并没有任何特权，待遇和普通群众一样。而《武汉晨报》就此问题的回答暗示“孙杨有特权”。

突发事件的负面新闻是一把双刃剑，传统媒体既要客观地报道新闻事实，也要及时对网民的负面情绪进行引导，不能逃避和隐瞒自身责任，因此，如何面对突发事件中负面新闻的报道是传统媒体要重视的问题。

新媒体产业链

新媒体产业的上游行业主要是网络接入提供商、服务提供商等，下游行业主要为终端客户，包括个人用户和商业用户，产业链情况如下图所示：

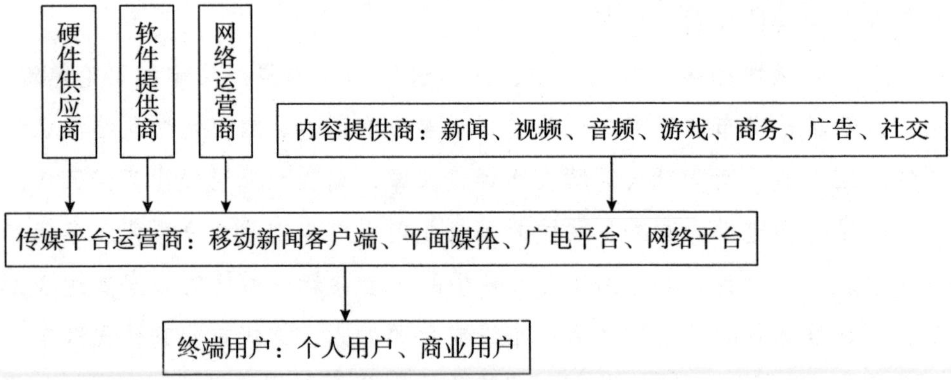

新媒体产业主要产业链

主要的上下游关系为：

1. 硬件供应商 / 软件供应商 / 网络运营商：经营媒体相关基础设施的厂商，为整个新媒体产业提供最基础的网络传输服务和应用软硬件开发服务。

2. 内容提供商：制作各种形式（文本、声音、影像等）的节目内容的经营实体，主要内容包括新闻、视频、音频、游戏、商务、广告以及社交等；同时，内容提供商还包括内容制作、发行商，主要向内容提供商采购节目，并通过销售网络出售给下游各类传媒平台运营。

3. 传媒平台运营商：对内容进行整合并传播的经营实体，如报社、广播台、电视台、网站、新媒体平台等。

4. 终端用户：终端用户作为产业链的终端，是信息传播的最终受众，根据客户类型，可分为个人用户和商业用户，其中商业用户主要为市场经济活动中的各类企业主体以及机关单位、公共事业主体。

新媒体参与主体

新媒体参与主体指的是在新媒体产业中从事生产经营活动，并以其为主要收入来源的从业人员，主要包括 4 种人：

一是新媒体投资人（包括技术入股）；

二是经营管理人员，负责项目、投资、运营、人力资源、市场开发等；

三是采编人员，负责媒体内容的策划、创作、传播等，如记者、编辑、推送人员等；

四是技术人员，负责为新媒体的正常运行提供软硬件技术支撑，如网络技术研发与维护人员等。

从社会阶层属性来看，新媒体中的参与主体是伴随新媒体的发展而产生并成长起来的新群体，具有知识层次高、流动性强、思维活跃、影响面广等特点，在维护网络安全、影响社会舆论等方面发挥着重要作用，是新的社会阶层的重要成员。

有研究表明，目前近六成新媒体采编人员不是新闻传播专业出身，呈现出明显的年轻化特征。他们没有经过专业的系统学习，经过简单的培训之后就上岗工作，业务技能不够，直接导致了一些新媒体的内容质量不佳。这对于需要知识经验积累的媒体行业来说，是一个比较严重的问题。

相比于传统媒体一系列的采编流程，新媒体的平台极大地弥补了传统媒体在新闻报道即时性方面的缺陷，微博、微信等平台能让突发事件在第一时间传播，传播者由专业记者转变为普通公众，他们有可能是事件的当事人，也有可能是事件的目击者。

为降低人工成本，增强对突发事件的及时反应，达到新闻报道无死角、无时差，公民记者和公民新闻成为新媒体时代的特有产物。公民记者其实就是与传统媒体合作的自媒体，在新闻事件发生现场的知情人士将事件信息以最快的速度发布到网络，成为新闻事件的第一传播者。因此，许多人将公民记者的崛起看作新媒体时代新闻传播发展的一个制高点。

案例

CNN 的公民记者尝试

2006 年 8 月，美国有线新闻网（CNN）正式推出公共上传平台 CNN iReport（我报道），用户可以在这个平台上传自己拍摄到的各种格式的视频、音频素材、新闻照片和文本文件。CNN 经过挑选和再次编辑制作，将其中一部分素材用于新闻报道，许多有深度的调查报道和跟踪报道的新闻线索都来源于此。另外的部分开辟成电视栏目，每月择优播发。

iReport 的建立为 CNN 带来了海量的新闻素材和报道线索，为 CNN 带来了强大的竞争优势。2007 年 iReport 的年度点击量冠军，就是一个学生用手机上传的弗吉尼亚理工大学校园枪击案片段。2011 年日本“3·11 大地震”中，日本福岛、横须贺、横滨等地的当地人上传了近 2000 条视频信息，CNN 总部马上在随后几天的地震报道中以直播方式连线这些上传者，请他们讲述当地的受灾情况和亲身经历，从而使关于日本地震报道的收视率大幅攀升。

为了确保 iReport 的视频上传质量，CNN 设置了极其详尽的审核规则，专门由技术人员为上传视频的参与者提供服务指南，用软件对每天公民记者上传的资料进行自动筛查检验，核实后自动推荐给专业新闻采编人员和法律团队把关，将各种资讯进行更专业的筛选。

但是，公民记者由于未接受过新闻专业培训，业务素质水平有高有低，他们极易为了迎合受众趣味，片面追求轰动效应而带有强烈的主观色彩，不能客观真实地反映新闻事件。时至今日，CNN 由此获得的各种信息资料，经过软件和人工两道把关程序之后仅有 10% 的作品成为真正的新闻。

本章小结

新媒体具有传播力强、整合性强、内容多元化、性价比高的运营优势，在自身经营和市场开发上往往更激进，敢于尝试各种企业化行为，积极探索内部运营和管理的革新。

我国新媒体的主要受众群体是网民，其吸引力被移动应用市场所分散。新媒体自身内容的丰富性、时效性和价值是获得和留住用户的核心竞争力。

新媒体产业的上游行业主要是网络接入提供商、服务提供商等，下游行业主要为个人用户和商业用户。参与主体主要包括投资人、经营管理人员、采编人员、技术人员 4 种人。

引申思考

1. 你认为典型的新媒体受众具有哪些特点？自己属于典型受众吗？

2. 有人认为自媒体的运营似乎很轻松，“船小好掉头”，你认为事实是否如此？

3. 随着人工智能的发展，机器人能否成为新的新媒体参与主体？

第十章

新媒体的内容建设

新闻媒体

新媒体的发展日新月异，但是好的内容、真正的新闻永远是刚需。媒体不论采用何种形式进行包装，内容产出都是决定其生存和发展的核心竞争力。一时的炒作可以博人眼球，但却不能告诉读者这个世界到底发生了什么，真正发生了什么。专业的媒体人和专业机构永远不可或缺。

专业性是专注于新闻生产的媒体安身立命的根本。有评论人士指出，当前一些新媒体重视技术驱动，轻视人文价值和工匠精神。新媒体不缺平庸的内容，不缺“心灵鸡汤”，唯独缺少既有观赏价值又有人文内涵的优质作品。如何生产出优质作品，是所有类型的新媒体共同面对的挑战。

新闻的价值在于满足受众认识客观现实的需要，主要包括实时性、重要性、接近性、显著性、趣味性等要素。新媒体环境下的新闻传播理念、方式以及和受众之间的互动发生了新的变化，新闻价值取向呈现出多元化的发展趋势，具体体现在以下几方面：

一、更加关注新闻的实时性。传播技术的发展和激烈竞争增强了对新闻实时性的要求。新媒体的最大特色就是快，可以实现实时动态发布，但如果只是一味图快，随意打破采编规则与流程，放弃基本要求与标准，就会出现粗制滥造的情况。在高效执行流程的同时，新媒体必须注意克服这一问题。

小贴士　确保内容优质而非一味求快，是新媒体对受众产生强大黏性、拥有受众较高忠诚度的关键所在。

目前，越来越多的新媒体记者获得了记者证，开始进行时政类新闻的独立采编，传统媒体的“最后一块领地”——新闻报道正面临新媒体的蚕食。

长期以来，突发灾难事件传播一直是传统电视媒体的强项，但是新媒体改变了这一局面。微博等各类社交平台颠覆了传统的突发灾难事件的传播模式，成为第一现场灾情报道和救助的主角，让信息的传播和接收变得更高效、更透明、更有效。

面对自身的不足，传统媒体应当利用新媒体的优势，改变传统的报道方式，以及单一的和封闭的获取新闻信息的途径和方法，整合网络上不同种类的信息资源，实现信息的互通，比如，一些工作人员的微博、博客等。同时还可以利用新媒体从读者那里获得更多的反馈信息，从而满足更多的受众需求。

据美通社发布的《2016 年中国记者职业生存状态与工作习惯调查报告》，中国记者获取新闻线索最常用的渠道和工具依次是即时通信工具（55.2%）、门户与行业网站（52.5%）、社交媒体（50.8%）、电子邮件（47.2%）、线下活动和发布会（43.5%）。39.1%的记者经常使用手机新闻客户端获取报道和新闻线索。

二、新闻价值的侧重点发生变化。传统媒体侧重于关注新闻内容对国家政治以及经济发展的影响，轻视和受众生活的联系，所谓“要国家大事，不要家长里短”。新媒体下的受众个人主体意识大为增强，对时政内容不再过度关注，对贴近生活、有人情味和趣味性、可接触、可作谈资的新闻更感兴趣。这导致新闻价值开始向获知性、激励性、获益性及娱乐性方面转换。

新媒体时代，信息传播方式变成了网状交互传播，内容是否有传播力成为文案曝光多少的关键因素，“渠道为王”变成了“内容为王”，受欢迎的新媒体在内容上大都体现出了独特的魅力。消极之处是，一些新媒体平台一味追求流量和用户关注，甚至播放“打擦边球”的低俗新闻。对此，行业监管的力度还需不断加强，不让这类媒体在行业内有立足之地。

三、新闻传播格局和秩序发生改变。在技术手段和受众素养提升的环境下，不同受众会对新闻内容和价值进行不同视角的解读和判断，既实现了新闻传播的价值，也使得社会舆论不再千篇一律。

小贴士 由于受众对新闻内容的判断不同，如果手段不得法，正向的新闻传播也有可能导致负向的新闻传播效果。

四、有深度且专业性强的新闻更受欢迎。独家报道、深度调查、内幕挖掘、质疑评论等内容最能吸引受众眼球，更容易戳中报道对象的痛点，一直属于优质新闻内容。新媒体的发展有助于这类新闻的广泛传播，产生更大的影响力。目前阅读量、点击量、转载量居前的新闻很多都依靠新媒体拔得了受众关注的头筹。

2017 年 6 月，新媒体“野马财经”连发三篇报道质疑拟上市企业“地素时尚”:《中金公司被举报隐瞒地素时尚 IPO 纠纷　当事人称看最后谁笑谁哭》《地素时尚 IPO 暂缓发行　为什么在临门一脚时强踩刹车？》《地素时尚 IPO 暂缓背后：创业夫妻反目，争夺股权祖孙三代对簿公堂》。报道质疑了该公司内部的各类违规现象，获得股民、读者和机构的广泛关注，一时名声大噪。在此影响下，已经通过证监会审核的地素时尚被宣布暂缓上市。

综上所述，新媒体环境下受众的生态发生了重要变化，这是一种无法改变的趋势。有关方面应积极引导受众树立正确的、科学的价值观，使其在尊重新媒体发展规律的基础上，对新闻信息做出正确的判断。

在新闻资讯产业链中，传统新闻媒体兼具新闻内容方和渠道方双重身份。既拥有新闻采编资质，是原创新闻内容的生产方，也能通过自有渠道（网站和客户端等）分发新闻，并通过版权合作、账号入驻等方式，为其他资讯平台输送新闻内容，可谓“左右逢源”。因此，传统新闻媒体在新媒体平台传播内容是其重要的业务布局之一，同时也能逐步建立内容壁垒，助力自身品牌溢价的提升。

新媒体环境下的新闻媒体应该遵循什么样的理念呢？编者的观点是：

“高度+活力+感染力”。

第一，要有高度。新闻内容既要有观赏价值又要有人文内涵，在受众的工作、生活、学习中发挥正面作用，新闻所关心的热点、焦点，要与社会大众、政府、主流媒体所关心的热点、焦点契合。特别是热点报道应多次传播，递进式深入，以提升受众的认识水平。

第二，要有活力。对新媒体的受众而言，每一天的资讯都必须是透明、清新、正能量的，使受众在快速浏览中及时汲取到最新鲜、最有营养的新闻信息。

第三，要有感染力。新媒体所发布的内容要尽可能贴近受众，从受众视角出发，让他们的内心更加温暖、踏实、充满力量，激发他们对美好人生的追求。

案例

“酒店遇袭事件”中报道的是与非

2016年4月5日凌晨，微博名“@弯弯_2016”的女网友在微博爆料称，清明假期自己在如家酒店集团旗下的北京望京和颐酒店入住时，在走廊遇到一陌生男子，该男子意图强行将其带走，自己挣扎、呼救长达5分钟，围观的酒店工作人员均没有出面相救，最终因一名女房客搭救才得以脱险。

5日白天，当事人先后发布多条微博讲述事件经过以及投诉最新进展，但没有形成强大的舆论效果。直到当日20时，当事人制作了长微博图片，增加了话题标签，得到多位微博“大V”的转发，舆情才急速扩散。

微博上“@作业本”、马伯庸、曹林等多位意见领袖对该事件进行评论转发，或普及女性自救知识，或对酒店的治安表示不满，质疑酒店敷衍的回应态度。随后Angelababy、李冰冰等明星对原微博进行了转发，呼吁注重女性安全，希望公安机关彻查事件。

随着舆情的逐渐发酵，截至6日下午4点，当事人微博转发接近90万次，评论24万条，“和颐酒店女生遇袭”“淫窝点案底酒店”两个话题成为新浪微博6日的热门话题，引起了轩然大波。

在媒体方面，媒体认证账号“@微博新鲜事”于5日晚间首家转发了当事人的微博，之后更多的网络媒体和纸媒纷纷跟进。6日凌晨，新京报微博及《新京报》报纸头版对事件进行了报道，人民日报微博、央视新闻等随后跟进报道。

在如家集团6日下午召开的新闻发布会上，腾讯、搜狐、凤凰等新闻客户端开通平台，对现场情况进行了直播。经过新媒体和传统媒体的互动，事件报道在广度、深度、力度上都有了明显变化。

事件引起了相关部门的高度关注。4月5日，北京市公安局官方微博对网友进行了回复，表示已通过相关单位开展核实；4月6日凌晨，如家集团通过官方微博对事件进行初次回应，表示提起高度重视；7日下午，如家召开新闻发布会，对当事人道歉，表示将全力配合公安机关调查。4月7日，北京警方在河南将涉案男子抓获，事件最终得到合理解决，舆论渐渐平息。

在该事件的发展进程中，多个微博“大V”的抱团传播，新旧媒体的互动，使事件发展为全社会关注的热门话题，舆论风暴推动事件尽快得到解决。同时，互联网信息的碎片化和不可控也使事件的发展方向变得不确定。有网友称首旅酒店收购如家后借助本次事件进行炒作，引发了公众对资本阴谋论的猜测，但最后不了了之。一些真真假假的舆论使部分网友怀疑整个事件的真实性。

因此，在突发事件的报道中，要合理利用微博、微信等新媒体工具，做到“上情下达，下情上传”，提升网民的媒介素养，政府官员和传统媒体要积极与公众沟通交流，缓解情绪对抗与冲突，才能加强舆论宣传的效果。

新闻资讯平台

专业媒体、机构媒体和自媒体构成的媒体行动者以及为上述行动者提供资讯聚合、分发的平台媒体，组成了新闻生态。公共事件所引发的舆论从酝酿、爆发、高潮至平息的过程，不再是由传统大众媒体单向垄断信息资源的过程，而是网状结构下的多元化、社会化生产的过程。根植于平台的专业媒体、政务新媒体、机构组织、自媒体、意见领袖、普通用户等都是公共新闻生产和公共意见表达的主体。

开放的平台环境降低了参与门槛，只要遵从平台的内容规则，用户就可以获取平台提供的即时性信息交互服务，参与到公共信息和其他信息的传播、交流和互动中，民众发表意见、参政议政以及建立社会网络的积极性和主动性大大增强。

PGC（专业化生产）和UGC（用户原创内容）相融合的新闻生产模式既发挥了机构媒体的专业性优势，又通过“众包”的形式囊括了更多的新闻线索，对热点公共事件的选取、描述和呈现体现了社会化、公共性力量，在更宽广的范围内掀起舆论热潮，进而影响议程设置和舆论走向。

但现实情况也表明，两者并不是对等出现在新闻生产中的，从互引的网络结构可以看出，在同一互动网络和资讯流通的网络中，自媒体仍与传统媒体存在较大的权力落差。虽然社交媒体推动了传统媒体与自媒体之间的权力再分配，传统主流媒体、新兴媒介平台与自媒体之间时常开展线上的开放内容协作，但是中国的主流媒体在网络上仍然显示出较强的内容优势，处于引用网络的中心位置。

新闻资讯平台在内容建设上的通常做法是：依托成熟的门户网站、社交平台、浏览器、APP应用所带来的巨大流量，结合机器算法，实现海量新闻资讯的收集、处理、分发，满足用户的个性化、差异化需求。代表平台有今日头条、腾讯新闻、新浪新闻、百度新闻、搜狐新闻、网易新闻、凤凰新闻、UC头条等。

新闻资讯平台以新闻资讯为基础形成生态链，在技术、数据、流量等方面能够获得较大助力，并形成内容联动，其中新闻资讯平台发展前景最被看好。移动新闻资讯平台适应小屏浏览、碎片化阅读等移动化玩法，主要为用户精准匹配感兴趣的资讯内容，提升其资讯获取效率。

移动互联网使得人们获取资讯服务的门槛和成本都大大降低，也使得资讯消费行为变得更加频繁和更加多样。未来新闻资讯行业的收入来源将更趋多元化，向原创内容付费、电商转化等方向不断拓展，市场规模还将进一步扩大。

2017年年初，新闻资讯类APP中已经形成今日头条和腾讯新闻两个头部品牌，今日头条以20.7%的渗透率位列第一，腾讯新闻渗透率达19.8%。

据比达咨询数据，2018年中国移动资讯分发市场用户规模为7.0亿人，人均日观看时长76.8分钟。收入规模为441.6亿元，较上年增长了89.1%。

新闻资讯平台的发展一般经过三个阶段。初期战略重点是建立流量基础，迅速扩大用户规模，形成自有品牌。平台的内容来源可以划分为媒体合作和自媒体内容输出两部分：一方面，与传统媒体及垂直资讯站点建立合作，为用户提供权威客观的新闻内容；另一方面，自媒体也为平台输送了类型广泛、丰富多元的资讯内容。

此后，主要目标从争取用户规模向争取用户注意力转化，从抢占流量阶段步入培育内容阶段。在这一过程中平台对优质内容的需求不断提升：从纯新闻到综合资讯，从文字到短视频、音频等多种形态拓展，重点在打造内容生态，建立行业壁垒。

第三个阶段，通过技术加速产业发展、加深平台壁垒。这一阶段目前已经到来，新闻资讯平台的发展重点从流量向内容和技术转移，主流平台纷纷加大技术探索，实现定制内容分发和商业化，自媒体生态和自制特色内容将形成平台的内容壁垒。此时行业进入成熟期，寡头格局基本确定。

新闻资讯平台如今已广泛以“人工＋机器”的混合智能形式向用户分发资讯。混合智能推荐结合编辑精选和算法分发两方面的权重，将高品质报道和个性化新闻相结合，满足用户的多元化需求。

优质内容能够获取人们的注意力，从而实现流量的收集、分发和变现，已经成为各新闻资讯平台的竞争核心。各平台关注的重点包括品牌媒体和优质自媒体，一般通过建立版权合作或邀请账号入驻等形式导入其内容。为扶持优质自媒体，平台通过提供补贴、扶持推广、创业服务等方式吸引自媒体入驻，帮助其扩大影响力。

在争夺优质原创内容方面，自 2015 年起，今日头条旗下资讯平台“头条号”先后推出扶持自媒体和激励内容创业的“千人万元”“百群万元”“礼遇计划”等政策，对创作者及社群进行物质奖励。2018 年 6 月又推出旨在奖励优质内容的“青云计划”，每天奖励至少 100 篇文章，每篇奖金 300 元。

在扶持内容创作方面，腾讯的手笔更大。2017 年，腾讯投入 10 亿元现金补贴和首期 2 亿元资金，鼓励优质原创内容，以及短视频与直播类内容生产。腾讯将其拥有的 2000+ 品牌广告客户和 20000+ 中小广告客户开放给媒体和自媒体用户，搭建起围绕腾讯媒体分发平台而形成的内容创作者、视频中介机构、广告主的良性生态圈。

腾讯还公布了多项内容工具，帮助媒体和自媒体更好地进行内容生产。旗下的企鹅媒体平台提供图文和视频直播、视频云编辑、图片素材库、热点分析、企鹅指数等工具，并打通精选评论、私信等用户层面的功能，从工具、用户、运营三大维度为自媒体成长助力。

由于自媒体多平台注册账号，主流媒体内容多渠道分发，目前同类新闻资讯平台间的内容差异主要来自平台自有栏目，并不十分显著。但随着流量成本走高、内容竞争白热化，新闻资讯行业准入门槛显现，新进者减少，行业进入精细化运营时期。

对向新闻资讯平台投稿的作者来说，尽管可选择的平台较多，但鉴于精力有限，每个平台的特性和受众不同，文章获得的反馈也不尽相同。一般来说，用户只需挑选一两个适合自己创作方向的平台重点运营，其他的作为辅助补充。找到适合自己发表作品的平台之后就要坚持发文，以保持垂直度和活跃度。

未来，各平台的马太效应将会更加明显。一方面，内容培育成本上升、优质内容的获得成本提高，加之版权意识成熟，给多数平台带来较大资金压力；另一方面，由于政策趋严以及受到内容源和用户量的限制，新闻资讯平台新进者逐渐减少。

除内容壁垒外，算法技术的迭代与开放、拓展服务95后用户等，均是各新闻资讯平台未来发展所考虑的重点。为了提升产业链整体效率，平台开始向上下游所涉及的多个环节输出技术，帮助内容生产者、硬件厂商和其他内容平台提高生产运营水平和能力，放大产业链协作效应，促进自身的快速发展。

小贴士 未来少数新闻资讯平台将会瓜分流量，产出的内容价值将成为平台发展的关键要素。

社交媒体

社交媒体指允许人们自由撰写、分享、评价、讨论的网络平台和技术，是人们彼此分享意见、见解、经验和观点的沟通工具，主要包括博客、论坛、播客等等，最知名的当数微信和微博。

人们使用新媒体的重要动因之一是社交，包括熟人社交和陌生社交。在微信朋友圈和微博发布照片、文章、资讯，与他人分享，引发互动，产生某些认知，从而满足社交需求。

新媒体传播的个性化也刺激了陌生社交需求，很多人通过社交媒体浏览到个性化内容后产生社交需求，反过来又带动社交媒体影响力的增加。以往人们与陌生人交往的需求很少，而社交媒体所搭建的新型平台增加了与陌生人交往的机会。在社交媒体上，用户的情感宣泄、个性表达、寻求认同的愿望被大大激发出来。

2020年，微信每月活跃用户达到12亿，也就是说几乎所有微信用户都是活跃用户，如此庞大的用户体量和转换率，使微信得以在众多社交媒体中独霸一方。

2019年年初，曾有三款社交软件上线，被舆论视为挑战微信霸权的一次尝试。三款社交软件是：锤子科技公司的“聊天宝”、字节跳动公司的“多闪”、云歌智能公司的“马桶MT”。这几款软件均表示不以微信为敌，结果无一幸免地败给了微信。

就产品定位和细分领域而言，虽然都是社交软件，为了绕过微信的锋芒，“马桶MT”主打陌生人匿名模式，“多闪”以视频社交为切入点，“聊天宝”更是集成了聊天社交、购物、新闻资讯等多项功能，甚至采用资金补贴的方式来吸引用户，但在微信的“泰山压顶”之势下，基本丧失了超越的机会。

社交媒体和一般媒体最显著的不同是，用户享有更多的选择权利，自行集结成某种社群。社交媒体是大批网民自发贡献、提取、创造、传播资讯的过程，在这个过程中，媒体的角色重在维持秩序和提供服务，但内容建设工作依然重要，具体包括：

一、话题设置与引导。话题设置往往能够影响用户的看法与态度，继而引导舆论进程。社交媒体赋予了用户自由表达的权利，话题设置主体呈现出多元化趋势，话语权被分化。媒体通过把握话题设置与引导，可以在源头决定继续或终止传播信息，以利于自身活动的有序正常进行。

二、用户互动。社交媒体的用户具有高度分散、差异性大的特点，适时与用户交流有利于用户对媒体的价值观和运行方式加深了解，更好地利用社交媒体的各项功能，这就需要社交媒体及时通过精选留言回复功能和不定时发起投票等活动获得用户的认可，并鼓励用户提供原创内容。

这样既能有效实现互动沟通，也能拓宽内容来源渠道。

三、危机处理。对于社交媒体运行中出现的重大问题（如虚假信息、政治问题、用户投诉、技术问题等）进行主动出击，说明问题、表明态度，而不是被动回应，否则社交平台将会变成流言和猜疑的聚集地。对于复杂问题不管有没有掌握足够的信息，运营方都应该及时跟用户沟通，让用户知道问题已经在处理之中。

就目前来看，市场嗅觉灵敏的企业大多认同社交媒体的价值，社交媒体营销已成为企业的共识。有报告显示，全球500强品牌都设立了专门机构负责社交媒体营销，每年的预算呈爆发式增长，谷歌、戴尔、星巴克等世界知名企业甚至将社交媒体营销预算提升至年度总广告预算的50%或以上。

小贴士　可以预见，市场回报良好的社交媒体将会在内容建设上有更大余地，两者相辅相成。

案例

社交媒体陌陌的重生

陌陌科技公司于2011年成立，由前网易总编辑唐岩创建。当年推出的陌陌是一款基于地理位置的移动社交工具，使用者可以通过陌陌认识附近的人，创建和加入附近的兴趣小组、留言及参与活动。

陌陌可以根据GPS搜寻和定位用户身边的陌生人和群组，得到真实的位置信息，并可以通过陌陌免费发送信息及位置，解决了以往社交软件过于虚幻、缺乏真实的线下互动的问题。陌陌上线后发展迅速，2014年6月总注册用户突破1.48亿，月活跃用户超过5234万，陌陌群组总数超过356万。2014年12月，陌陌科技登陆纳斯达克，上市后一直保持着快速发展。

不过，陌陌也遭到了外界的质疑，被认为有破坏社会风气之嫌。为此，陌陌确立了从偏工具性质的社交平台转型为内容平台的战略，即打造泛社交、泛娱乐的平台，而不仅仅停留在单一的社交功能上。

陌陌在2015年开始筹备视频直播，并在直播火爆的2016年确立了视频社交战略。当年陌陌凭直播获得营收26亿元，占总营收的68%。2018年，陌陌净营收达到134.08亿元，同比增长51%，连续16个季度实现盈利。

视频媒体

视频是比文字更直观、更形象的信息接收和传递方式。与传统电视媒体的单向传播不同，视频网站在其节目播出时配有文字、动画、图片等相关内容的链接，形成多维度、立体式的内容传播，加强了信息的交流和传递。

我国第一家视频网站土豆网于2005年开播，此后视频网站靠提供各种视频的共享和搜索迅速走红，成为网络用户关注的焦点。

自2010年起，视频网站掀起上市热潮，优酷网、酷6网、凤凰新媒体、土豆网、迅雷、PPS、PPTV等纷纷在境外上市。

2010年至2012年间，视频网站行业实现了收入从31.4亿元到92.5亿元的快速增长，规模迅速扩大。这一时期视频网站的主打内容是影视剧和综艺、选秀节目，节目的版权、带宽、获取用户等一系列问题给网站带来巨大压力，致使自制内容成为视频网站重要的发展目标和竞争方向。

自制内容指的是视频网站通过对用户消费习惯的研究，制作符合用户需求的网络剧、电影、综艺节目等，以此来提升用户对网站的黏性和忠诚度，创造品牌影响力。通过内容自制可以减少内容支出，更契合网站的定位和网络用户的品位。相较于电视台的主流节目，网络视频自制节目更加大众化，更注重大众诉求。

在推广和营销方面，视频网站通过制作视频、图文等进行推广宣传，形成热议话题，同时举办线下活动，邀请明星站台宣传，增加节目的知名度，并通过网络视频联播模式与其他同行和广告商共享资源。视频网站还对原创视频的上传者采取奖励和收入分成等方式，鼓励用户分享视频，以提高视频用户的参与热性和关注度。

在观看方式上，通过网络观看视频更为灵活。观众可以在网上任意浏览，利用分类和搜索功能寻找喜欢的节目，按照自己的时间和方式来收看。观众还可以在视频网站上展开互动，对热门节目评论、打分，这种交流往往形成扩散效应，带动进一步收视，而传统电视一对多的传播模式显然难以满足这一新的市场需求。

电视媒体受到了直接冲击，人们看电视的时长和频次已大为降低，在年轻人、中产阶层中，电视的影响力已不能跟视频网站相抗衡。据 CSM 发布的《中国电视收视年鉴（2019）》，2018 年电视观众规模总量为 12.81 亿，与 2017 年相比减少了 573 万人，日均观众规模、人均收视时间、黄金时段收视等指标也均呈显著下降趋势。

看到视频市场日益繁荣，广电媒体也跃跃欲试。原国家广播电影电视总局积极鼓励有条件的广播电视机构开办网络电视台，2009 年 12 月 28 日正式开播的中国网络电视台（CNTV）是国内首个国家级的网络电视台。但因投入不足，各级网络电视台只是将传统电视台的节目原封不动地搬上互联网。

2016 年后，视频网站“烧钱博眼球”的模式出现颓势，随着智能手机的普及、宽带成本和流量价格的下降，直播和短视频行业迅速扩张，改写了以影视和综艺为主的传统视频媒体格局。

2016 年，网络视频直播成为互联网圈的热门话题，大量资本涌入直播领域，这一年被称为“直播元年”。

从内容来看，直播主要分为五类：

一是秀场类直播，主要形式为主播在一个相对固定的空间中进行才艺、语言或者其他类型的表演，并伴随与用户的互动。此类直播带有明显的情感色彩和社交属性，已成为最受中国网民欢迎的网络活动之一，主播中女性网红居多，《2018 年主播职业报告》显示，网络直播平台的女主播占比高达 78.8%。

二是泛生活类直播，直播日常生活琐事及与日常生活相关的内容，如饮食起居、健身、化妆等。这类直播节奏缓慢、沉闷，在电视台播放是不可想象的，但在网络上一度掀起风潮，有些主播靠用户打赏月入可观。

三是游戏直播，又可以分为电子竞技赛事直播和日常游戏直播两类。电子游戏产业已形成成熟的产业链，诞生了专业竞技俱乐部、赛事和职业选手，游戏直播也日益产业化和常态化。

四是泛娱乐直播，如购物直播、体育直播、综艺直播等。

五是专业类直播，如新闻直播、商务直播、财经直播、教育直播等，集中于某一特定领域进行垂直拓展。

网络直播行业短暂火爆后产生了一些有待规治的问题，如普遍存在的内容同质化和平庸化，用户渐渐厌倦了主播在摄像头前没有任何实质内容的表演。

2018 年 6 月，“会计门”事件引发社会对直播行业的议论。江苏镇江会计王某侵占 900 万元公款打赏直播平台斗鱼的多名女主播，其中打赏给“主播一姐”冯某的礼物价值 160 万元，冯某随后声明将钱退还，但已经引起舆论的高度关注。

“会计门”事件尚未平息，7 月，斗鱼知名主播“陈一发儿”被曝两年前曾在直播中调侃南京大屠杀、东北沦陷。此事一经曝光，再次引发舆论哗然，层层重压之下，斗鱼宣布对“陈一发儿”无限期封禁。

2016 年下半年起，一系列政策法规先后出台，从行业自律和政策层面加大对网络直播的监管力度。原国家新闻出版广电总局要求相关直播机构需持有信息网络传播视听节目许可证，网信办对直播平台提出“双资质”要求，原文化部出台针对网络表演市场的管理办法。新闻出版广电总局加强了对直播的执法力度，一经发现低俗色情内容，平台将被永久封禁。

新规出台不久，大批不具备监管部门所要求的牌照的公司悄然退市，直播平台之间出现合并、收购的情况，缺乏核心竞争力的直播平台或被整合，或自纠退场。2019 年 3 月，知名人士王思聪创办、一度估值 50 亿元的游戏直播平台熊猫直播黯然关门。

网络直播虽然有着即时性强、互动性强的先天优势，但长时间、高流量的特点并不利于用户重复观看。经历了直播平台的短暂热潮后，简洁生动的短视频显示出更强的用户黏性。

QuestMobile 数据显示，2018 年上半年我国短视频行业月活跃用户数达 5.05 亿，相当于每 2 个互联网用户就有 1 人使用短视频 APP。其内容以娱乐直播和游戏直播为主，具有实时性、社交性的特征。

短视频是在新媒体时代下诞生的一种崭新的媒体形式，与图文传播不同，短视频在讲述与记录场景方面具有更强的表现力。短视频的趣味性、碎片化特征使传播内容更平实和接地气。短视频凭借着内容新奇、节奏明快、轻松幽默的特色，快速抓住了大众的兴奋点。

一方面，短视频（适宜观看长度为 3—5 分钟）内容的制作门槛低，内容产出多；另一方面，分发渠道的普及和算法推荐机制的出现，提升了短视频内容的分发效率。如今，新闻移动化、社交化、视频化已成为潮流，短视频具有碎片化属性和强烈的现场感，多数互联网用户会通过短视频获得新闻资讯、观看综艺节目，市场前景广阔。

短视频报道在叙事结构上往往采用倒金字塔结构，将事情的结果或最重要的情节优先呈现，让读者简便快速地了解事件概况，节省了用户获取信息的时间。

在投资方重金打造下，抖音、快手、西瓜视频、火山小视频等异军突起。据中国互联网络信息中心数据，截至 2019 年 8 月，国内短视频用户规模已达 6.48 亿。随着 5G 大规模商用，短视频的用户数、市场规模还将快速增长，呈现场景也将更加丰富，短视频正在成为提升主流媒体影响力和传播力的有效方式之一。

案例

后来居上的抖音

在市场化短视频媒体中，影响较大的是快手和抖音。快手是一款诞生于2013年的短视频应用APP，专注于普通人日常生活的记录和分享，用户可以通过它制作并分享短视频，还可以浏览、点赞他人的作品，与其他作者互动。至2017年4月，快手注册用户超过5亿，日活跃用户6500万、日均上传短视频数百万条，被称为仅次于微信、QQ、微博的手机应用产品。

在快手上，用户可以用照片和短视频记录自己的生活点滴，通过直播与用户实时互动，让外界发现真实有趣的自己，也可以找到自己喜欢的内容和感兴趣的人，看到更真实有趣的世界。

快手迅速占领了短视频市场，但黄雀在后。字节跳动公司迅速推出抖音、火山小视频、西瓜视频等三个短视频应用，通过差异化定位分别瞄准不同层次的用户群体。2018年春节期间，抖音异军突起，占领了更多年轻人的手机。

2018年6月，抖音首次公布用户数据：国内日活跃用户突破1.5亿，月活跃用户超过3亿，超越快手。抖音创造了海草舞、小猪佩奇、海底捞等多个流行话题，引发全民参与短视频生产。

自媒体

过去，往往媒体的运作是一件复杂的事情，需要大量的人力、财力来维系，需要有关部门的层层把关。但今天，互联网似乎让“一切皆有可能”，包括个人成立一家属于自己的“媒体”。

2006年年底，美国《时代》周刊封面上的年度人物不是任何名人的照片，而是出现了一个大大的“You”和一台 PC 电脑。《时代》周刊解释说，个人正在成为“新数字时代社会”的公民，2006 年年度人物就是“你”，是互联网上内容的所有使用者和创造者。

在提供自媒体平台的网站上，用户只需要通过简单的注册申请，根据服务商提供的网络空间和模板，就可以在网络上发布文字、音乐、图片、视频等信息，拥有一份自己的“报纸”“广播”或“电视”。进入门槛低，操作简单，有“一夜成名”的可能，使自媒体得以迅速发展。

自媒体近乎“零门槛”的深度参与方式，不受专业、学历、技术的限制，让普通大众使用媒体、参与媒体变得轻而易举，也为自媒体的进一步发展提供了技术基础。自媒体的内容涵盖社会的方方面面，如政治、经济、文化、教育、娱乐、体育、休闲等，这些包罗万象的内容源于普通大众的生活实践。

自媒体能够迅速将信息传播给受众，受众也可以迅速进行反馈，其强大的交互性是传统媒体望尘莫及的。从“旁观者”转变成为“当事人”，每个人都可以在网上自主地表达自己的观点，构建自己的社交网络，同时，也可以及时了解用户的需求，从而适时调整和优化所发布的信息。

2016 年 12 月，上市公司美盛文化控股股东美盛控股以 2.17 亿元收购了自媒体同道文化 72.5% 的股份，同道文化的股东蔡跃栋通过这笔交易套现 1.78 亿元，被视为自媒体经营成功的典范。

2012 年 8 月，微信推出了微信公众号平台，短短几年便一跃成为国内最大的内容生产和内容分发平台，无数对内容创作抱有热情的创业者投身浪潮之中。

自媒体的传播主体来自各行各业，很多人就是下海的媒体人。他们张扬个性，放飞自我，铸就个体价值，尝试从内容生产的边缘走向这一领域的核心。大多数自媒体首创于微信平台，其中相当一部分没有自己独立的发布平台（APP 或网站），这意味着只能靠内容生产优势吸引用户，而且在很多方面受制于微信。

开始时，很多自媒体仅靠转发网上热门文章就吸引了大量“粉丝”，获得了高额收入。自2015年起，微信公众平台推出原创功能并完善检举功能，单纯复制粘贴的套路已不再适用，而且公众号越来越多，一般性的内容完全无法吸引用户，能够长期坚持内容更新的自媒体增长速度大大放缓。

时至今日，自媒体的增长红利已经耗尽。根据新榜发布的《2018年中国微信500强年报》，公众号平均阅读数下滑33%，16%的公众号停止更新。内容同质化，用户审美疲劳，短视频来势凶猛，监管日益严格，自媒体面临激烈的竞争压力。

2018年年底，国家网信办会同有关部门开展了自媒体集中清理整治专项行动，关闭了9800多个自媒体账号，约谈了腾讯微信、新浪微博等平台并提出严重警告。2019年2月，自媒体咪蒙因发布不当内容，公众号被自行注销。

现在自媒体专业化、机构化、垂直化的发展已成为必然趋势，专业自媒体公司或工作室依靠品牌形象和商业化手段占据了有利地位，小作坊式的个人自媒体上升路径进一步收窄。

用户数量是自媒体生存发展的基石。对内容创业者来说，吸引用户不过两种方法：要么自己持续产出“10万+”（用户点击阅读量超过10万）的优质文章，要么花钱做广告“吸粉”。前者财务成本低，但在内容同质化、“洗稿”（抄袭的委婉称呼）盛行的环境下，所有人都在学习怎样追热点、做标题、制造冲突性话题，要想持续博得用户的关注极为困难。后者代价高昂，非一般人所能承受。

要在众多的同行中脱颖而出，自媒体首先要明确自己的战略定位，确定内容方向，也要让用户知道为什么要关注你、能够在这里获取什么样的信息，因此知名人士在这方面有着得天独厚的优势。

2015年7月，知名军事专家张召忠退休，开始涉足自媒体。将内容输出从电视转向了新媒体，而受众也从60后、70后变成90后、00后。张召忠每天忙着录音录像，更新公众号内容，不亦乐乎。

经过三年耕耘，张召忠的自媒体收获颇丰：拥有1100多万微博粉丝、277万公众号粉丝、855万头条号粉丝、180万B站粉丝。微信公众号“局座召忠”几乎篇篇头条“10万+”，B站视频节目《张召忠说》每期阅读量20万起步，弹幕在3000条以上，受众70%以上是90后、00后。

张召忠认为，未来的中国需要年轻人去保卫，新媒体是年轻人关注较多的渠道，也是传播军事知识不可或缺的阵地。做自媒体可以把自己多年的专业积累倾囊相授，回馈社会。

什么样的文章能够实现“10万+”？深度、独家、专业的内容需求量大，新闻报道往往最易吸引眼球，但多数自媒体其实并没有传统专业媒体的现场能力和第一手信息源，转载和评论都缺少对事实真实性的考察，新闻可信度大打折扣。

就内容而言，情感、励志、娱乐、职场类内容的阅读量与转发量较高。多数网络用户偏好幽默、调侃的语言风格。作者与读者之间的互动是新的流量增长点，自媒体带有浓厚的个人色彩，读者不光看资讯，还希望能够跟内容产生联系，发生情感共鸣。成功的自媒体无不注重与用户的互动，潜心打造并维护自己在用户心目中的形象。

吴晓波、同道大叔、papi酱、罗振宇等知名自媒体始终坚持个人风格，以留住用户。这些自媒体多依赖创作团队来支持内容生产，保持可持续的运营状态，然后逐步从高度依赖于创业者本人的状态转型为一个具有信息和知识体系的运营平台，为用户提供精准服务。

小贴士　如何获取并维持用户数量是自媒体能否生存的关键问题，而将自媒体“人格化”是最简单有效的办法之一。

成功的自媒体成长路径大致为：

1. 在各大新闻资讯平台上发表作品积累人气，逐步发展成为品牌账号。专注于自己擅长的内容，不为蹭热点而涉足自己不擅长或不符合定位的内容。

2. 签约专业机构或自建工作室，实现专业化、机构化运营，从文章写作向直播、短视频、培训、咨询、演讲等形式延伸。

3. 获得资本注入后，通过自建网站留住流量，进一步拓展变现空间。方法包括创造主打特定消费需求的个性化内容，关联可销售的实物商品或服务，再通过内容将商品和服务推荐给目标受众。

4. 成为知名自媒体后上市或转让。自媒体上市较难，主要因为粉丝的数量及价值难以准确界定，影响投资方的估值。同时受市场不确定因素干扰，自媒体的经营风险较大。

案例

知名自媒体人的沉浮

2012 年年底，前电视台制片人罗振宇推出知识型脱口秀视频《罗辑思维》，分享个人读书心得，启发独立思考。当日，同名微信公众账号开通运营，每天推送一段罗振宇本人的 60 秒语音，分享其生活感悟，同时推送一篇他人的文章。

罗振宇创作的出发点旨在以“身边的读书人”形象成为一代中国人的成长伴侣，引导独立、理性的思考。其倡导一种“U 盘化生存”的生存状态，个人不依附于任何组织，基于兴趣与其他人进行协作，在市场中找到个人定位，由此创建了全新的互联网社群品牌，制造了大量现象级话题。罗振宇随后作为创始人推出知识服务 APP“得到”，关注互联网经济、创业创新、社会历史等领域。

2015 年，罗振宇首开“知识跨年”先河，宣布以《时间的朋友》为主题，在未来 20 年，每年的最后一天举办一场跨年演讲，由此开创了一个全新的电视跨年节目品类。

《时间的朋友》主要盘点过去一年商业、科技和公共舆论领域大事件、热点话题，并洞察未来趋势，成为粉丝们的知识盛宴。

2015 年年初，演员 papi 酱开始在微博发表短视频。papi 酱以一个大龄女青年形象出现在公众面前，凭借张扬的个性、调侃吐槽时弊，短时间内迅速走红网络。2016年4月，papi酱与罗辑思维创始人罗振宇等决定对其第一次广告进行拍卖，最终以2200万元售出。

papi酱的走红在于选题设计出众，从生活到娱乐再到两性关系都有涉及，以接地气的草根气质叙事，同时结合时事热点，在众多的视频内容中脱颖而出。

2014年，财经作家吴晓波停掉在传统媒体和门户网站的专栏，与爱奇艺合作推出聚焦财经领域的个人品牌自媒体“吴晓波频道”，每年推出近60篇专栏、50期视频、260期音频，依靠多年积累的人气迅速成为最受关注的财经自媒体之一。

政务媒体

新媒体为群众提供了更加便捷的舆论监督平台，加强了各级党政机构与民众的互动，拉近了双方的距离，增进了双方的理解。各级党政机构应该更多利用新媒体平台把政务工作的讯息传递给群众，增加权力运行的阳光度。

在政务工作中，工作人员应该具有政治眼光及专业知识，抓住群众的心理预期，引导群众跟着政府的思路走。为此就要以专业的传播手段占领舆论制高点，并且通过舆论及时了解民意。

目前应用最广泛的政务新媒体形式之一是政务微博，尤其在突发情况下，政务微博积极应对，很多社会事件因此而“云开日出”。

2013年，国务院出台文件，把“政务微博”纳入政府许可和授权，且具有法律效力的信息传播渠道，如同政府门户网站和官方新闻发布会。

2016年2月，国务院客户端上线，这款中央政府新媒体平台具有政策文件搜索、办事查询、意见征集等服务功能，旨在成为“打通民意传达的便捷渠道”。10个月里，客户端下载量超过2000万，用户超过700万。

不同于传统意义上的刻板印象，国务院客户端以“你的声音，我们聆听”的亲和力，将新媒体的活力发挥得淋漓尽致。如2016年五一劳动节期间发布微视频《一个城市如何苏醒》，向劳动者致敬；高考结束时制作海报《白日放歌，青春做伴》。每到节气，客户端都会制作宣传海报，还将部分网友留言制作成明信片，发还给留言人。

2018年，国务院应急管理部在台风“山竹”、张家口重大爆燃事故、兰海高速重大交通事故等突发事件中通过微博与各地相关部门账号联动，整合调动资源、聚合信息、回应网民关切，展现出新时代应急管理信息公开和服务的新局面。

群众支持与否是政务工作成败的关键，利用新媒体公开信息，做好政务服务工作，应该是政务新媒体追求的目标。政务新媒体应当具有更强的公开性、互动性，助力解决权力滥用和社会不公问题，推动权力在阳光下运行，让公权力充分接受群众的监督，这也是政务媒体最大的价值所在。

新媒体的最大优势就是全民参与，群众通过新媒体关注问题，更想知道政府的实际措施和最终效果。因此，新媒体环境下的政务工作比任何时期都更要狠抓落实，坚决贯彻执行，保持政策的持续性，避免“一阵风”、不了了之等现象的发生。

根据不同政务业务开展和办理方式的不同，新媒体也要有不同的发展方向和具体措施。初期政务新媒体的形式以政府网站为主，但很多地方政府的公共网站内容都是政府在“讲”，内容单一，不能与群众进行很好的互动。近年来政务新媒体的形式、内容、功能日趋丰富，未来将逐步加强信息的丰富性和智能化，为群众提供更好的服务，并通过大数据技术及时获取群众对政府各项政策的意见和反馈，即从“讲”向“听”和“问”角色转变。

这些年，很多党政部门和机构陆续开发了自己的APP，为群众提供线上咨询服务，进行实时沟通，拉近了政府与公众的距离。如政法部门提供普法、举报、投诉服务，税务部门提供法规解读、发票验伪服务，气象部门提供天气服务等。不过，由于受到所在行业和不同专业的限制，单个 APP 的用户数量往往不多，有必要建立统一的政务客户端平台，以节约成本和统一推广。

新媒体环境下，舆情应对的主要特征体现为时效性。新媒体的传播速度越来越快，不仅让人们对接收信息的速度产生要求，也对反馈的速度产生了期待。

有的舆情发酵迅速，一则消息几小时就能引发热潮，回应越快，越能收到良好效果。这就需要政务新媒体从业人员有较高的政治素质、业务素质和灵活反应能力，能够根据各种预案在第一时间对问题给予关注和表明态度，及时安抚公众情绪，并根据事态的进展及时向公众通报情况、说明问题，让公众感到有关方面的诚意和专业精神。

2018 年 6 月 1 日，四川达州市某市场库房发生火灾，在网络上引起较大的舆情。大火会不会造成空气污染？马上要高考了，邻近火灾现场的考场会不会受影响？考生的情绪会不会波动？这些问题成为当地网民关注的焦点。

针对网民关注，达州市政务新媒体“达州发布”第一时间赶到火灾现场，与相关部门积极配合，联动处置，及时发声，主动引导网上舆论，传递正能量。“达州发布”系列文章在微信、政务微博等平台上累计浏览量超过 400 万，网友分享转发超过 50 万次，评论点赞数十万条。“达州发布”因在突发事件中有效引导网络舆论，上榜“微政四川 2018 年度优秀应急引导政务新媒体”。

由此可见，利用政务新媒体应对舆情不是简单的网上发公告，而是要求更专业的人士参与其中，比如，网络传播人才、网络技术人才、思想政治工作人才、心理学人才等。在工作过程中必须严格把关，具有高度的政治敏锐性和责任心，避免出现失误。同时，也要求各级领导充分理解这一工作的特点，给予必要的授权和支持。

应当看到，有些地方还存在刻意回避舆论的现象，对不好的事实和现象躲躲闪闪，害怕群众知道，甚至利用公权力去封锁舆论。主动将问题摆出来，把解决的方法摆出来，用完全客观的态度来对待新媒体环境下的政务工作，做好舆论的化解与引导，这才是正确的做法。

新媒体的出现，给政府服务群众带来了方便，也提高了管理难度和应用风险，防范“黑客”、保证数据安全和渠道畅通的重要性日益显著。对于政府部门来说，使用新媒体开展工作不仅要顺应形势的发展，也要谨慎思考和筹划，确定自身是否与某种新媒体的最显著的功能相匹配，从而使新媒体的效应得到最大限度的发挥。

2018 年，中央全面深化改革委员会第五次会议审议通过《关于加强县级融媒体中心建设的意见》，明确而又具体地对县级融媒体中心建设做出部署要求。

“融媒体”是充分利用媒介载体，把广播、电视、报纸、网络等不同媒体在人力、内容、宣传等方面进行全面整合，打造“资源通融、内容兼融、宣传互融、利益共融”的新型媒体。融媒体能够很好地破解政务媒体自身资源有限、辐射不足的难题，尤其对基层很有吸引力。

2018 年以来，以县级融媒体中心建设为突破口的政务新媒体建设加速开展。县级融媒体中心将广播电视台、党报、网站等县级媒体单位全部纳入，负责全县所有信息的发布，实现资源集中、统一管理、信息优质、服务规范，更好地传递政务信息，为当地群众服务。

2018 年 12 月，《国务院办公厅关于推进政务新媒体健康有序发展的意见》提出，到 2022 年将“建成以中国政府网政务新媒体为龙头，整体协同、响应迅速的政务新媒体矩阵体系”，建设更加权威的信息发布和解读回应平台、更加便捷的政民互动和办事服务平台。

融媒体时代为政务新媒体的发展营造了更加广阔的发展空间。各级政府应当进一步丰富政务新媒体的信息发布形式和服务领域，提升政务新媒体的问政技能，通过新的沟通机制更加有效地完善政府职能。

企业媒体

新媒体是现代企业的重要信息载体，发挥着促进企业内外沟通的作用，能够对企业的品牌形象和经营活动产生影响。目前，服务于企业的新媒体应用主要包括企业网站、微博、微信公众号、移动客户端等。

作为紧贴市场的产物，企业对新媒体建设普遍重视。许多企业将新媒体作为自身品牌及产品宣传的重要阵地，通过与热点融合的营销方式，不断提升在客户群体中的品牌渗透力，加强目标客户对品牌的信任度、好感度及转化率。

新媒体已经成为各行各业抢夺用户的高地。截至 2018 年，上市公司微信号开通个数 30 个以上的达 61 家。“招商银行”微信公众号的用户数为 1654 万，从第三方渠道（主要为微信、支付宝、QQ）获取的粉丝量合计 1.22 亿。而建设银行的微信用户数达到 8900 万户，单条群发消息平均阅读量突破 50 万次。

随着新媒体平台的数量激增，各类内容的引流严重，部分企业新媒体的处境比较尴尬。人们对上线的内容大多匆匆一带而过，无人喝彩是普遍现象，更谈不上宣传品牌和配合营销了。辛苦投入资金和人力做出的内容没有效果，很多企业对新媒体失去了兴趣和信心，放任其“长草撂荒”。在很多企业的网页或公众号上，陈年旧事挂在首页的比比皆是。

作为经济组织，企业必须清楚地明白：新媒体怎么建？如何建？

首先是怎么建，是自建队伍还是外包出去？如果企业自己的品牌缺乏知名度，产品市场有限，那就没有必要建立自己的运营团队。除了人力、管理等成本外，主要是自行建立的团队未必能达到预期。

知名企业已经拥有一定的品牌知名度，资本比较雄厚，有必要建立自己的运营团队，包括专业文案、设计、运营人员，必要时寻求外部专业服务商的支持。

一旦确定新媒体的运营工作外包，企业应与外包团队达成一致，精诚协作，而不是做甩手掌柜。新媒体的建设和运营费用姑且不论，企业自身损失的机会成本、与竞争对手争夺市场的时间差等最终后果都要由企业承担。所以双方应通过充分沟通确定工作的框架、细则及可行性内容，尽力保证新媒体健康运营。

其次是如何建。建设方要善于学习，对公司运营和战略步骤有清醒的认识，及时了解公司及行业内的各种动态、趋势、新闻，要懂得新媒体运营的相关知识和技巧。

还要对企业新媒体有清晰的受众定位。关注企业新媒体的人群，一部分是公司内部员工，另一部分则是供应商、客户或潜在客户，企业新媒体重点要针对后者进行策划运营，在企业和受众之间搭建起一个平等的互动平台。先期用及时翔实的资讯吸引用户，培养其阅读与互动习惯，后期逐步宣传企业形象，推广自己的主打产品和服务，将潜在客户转化为市场效益。

需要注意的是，企业新媒体不是产品的线上销售平台，不能简单粗暴地叫卖产品，重点在于以内容建设和活动为载体，将企业的品牌价值和核心价值观通过资讯信息传递给用户。

小贴士 企业新媒体运营需要持续的投入、强有力的执行团队、切实的内容建设做保障，只有扎实耕耘，不可一蹴而就。

从内容发布来看，企业新媒体应该集中于以下几方面：公司的产品服务信息和成功案例；客户的使用及反馈意见；公司的重大信息，如公司可公开的技术进展、获奖情况、媒体报道情况等；高质量的专业文章；公司产品促销活动；行业内有关公司产品的正面新闻；围绕产品的休闲娱乐内容；等等。

在新媒体推广方面，可以通过员工或将最早关注新媒体的客户发展为经销商。公司也可以定期或不定期地组织一些活动来加强用户的黏性。

还可以通过招聘、营销等活动，吸引人们关注新媒体。

新媒体环境下，受众的批判意识日益增强，且热衷于自己掌握主动权，主动获取信息、主动讨论新闻等，所以企业在大规模宣传的同时要注重宣传情感因素，创建平等民主的互动模式，认真聆听受众的想法与建议，这样的宣传才能深入人心。企业在利用新媒体开展宣传工作时应综合考虑多方面因素，从各种新闻素材中深入挖掘有利于自身形象的内容，使受众形成对企业的正面认知。

对国有企业而言，要对新媒体的重要价值形成正确的认知，转变宣传观念与宣传方式，将新媒体所具备的优势充分挖掘出来并合理运用。

国有企业以往在塑造自我形象时较注重正面新闻的宣传，受众缺少反馈想法的途径。新媒体建立起了一个不同于传统的、新的舆论场，国有企业应当放下身段，并与网民进行良性互动，在网民心中树立起良好的企业形象。

案例

小米的新媒体营销

小米公司成立于2010年4月，是一家专注于高端智能手机、互联网电视、智能家居以及生态链建设的科技企业。小米公司用互联网模式开发硬件产品，通过论坛、微博、微信等新媒体营销形式凝结起粉丝的力量，迅速成长为国内一线科技巨头。

小米公司在初创期坚持“为发烧而生”的产品理念，依据潜在用户的建议来改良产品，公司在微博上和“米粉”们积极互动听取粉丝意见，定时发送赠品来回馈他们的支持。依据用户的需求，小米每周都会对产品进行更新调整。粉丝们乐此不疲地为小米提供各种产品改进建议，并自觉进行口碑传播。

小米自诞生起便将产品放在网上销售，不经过传统的门店渠道。2011

年9月，小米首次开放网络预订，半天之内预订超30万台，在不到一年时间里，小米手机销量超过350万台。如今，小米已成为国内领先的智能手机生产者。

“和用户交朋友”一直是小米的口号。一方面，公司定期举办线下活动，高层与用户见面，交流意见。另一方面，他们会在小米论坛、空间、微博、微信等社交媒体平台上在线和用户互动，回答用户提问，为用户排忧解难。2012年4月，小米举办第一届米粉节，狂热的粉丝当日创造了6分多钟买下10万部小米手机的纪录，并为小米开展了声势浩大的口碑营销。

为搞好新媒体营销，小米不断创新，设计好玩的活动形式，配合适当的资源投入，以达到快速销售产品和增加粉丝的目标。活动形式有微博转发抽奖、QQ空间手机预订等。2013年年底，微信上线支付功能，需提升微信支付的绑卡量。于是小米和腾讯合作在微信上举办小米3手机销售专场，15万台手机在不到10分钟的时间内即售罄。

为吸引关注，小米一年四季不断通过新媒体在网上制造话题。2015年4月，雷军在印度举办的小米手机发布会上进行英语演讲，其英文口音被人们调侃，有网友以此为素材剪辑出了歌曲视频《Are you ok》发布在哔哩哔哩（B站）上，迅速受到追捧。

作为国内领先的潮流文化社区，B站大部分内容来自用户自制的原创视频，小米公司顺水推舟注册了B站账号，定期发布一些公司产品的原创视频和雷军的视频，小米发布小米5、小米Max 2等产品时，雷军亦在B站直播，B站和其所代表的二次元成了小米新媒体营销的新大陆。

社会组织媒体

对于专业机构、社会团体等社会组织而言，新媒体除了进行形象宣传外，还肩负着助力核心业务、扩大社会影响的重任，这方面与企业新媒体有类似之处。这类机构一般受制于有限的财力，难以投入很大资源进行新媒体建设。一般来说可以扬长避短，有效利用好以下资源：

1. 垂直渠道优势。社会组织一般在所属系统多年运作，建立了独特的渠道资源，与系统内上下游产业有着密切的联系。

2. 信息来源优势。信息过载给人们选择信息造成了困难，于是人们希望从可靠的渠道获得信息，尤其是专业性强的领域。这种信息来源的优势不是指可以垄断或者抢先获得信息，而是指可以从专业的视角进行最可靠的解读。

内容是最重要的部分，也是社会组织新媒体建设力所能及之处。在资金和人力投入较为有限的情况下，应当在“小而专”上做文章，不求面面俱到，而是根据热点、难点，通过以下途径有针对性地做好目标群体的刚需内容：

1. 树立用户思维，做到用户第一。社会组织新媒体在运营过程中要充分利用互动，倾听用户诉求，找出热点难点，有针对性地做好目标群体所需内容，保持用户对自己的关注度。

2. 及时有效地做好行业内信息、政策解读。对大部分用户来说，梳理行业内变化信息，理解主管部门政策变动，是一项费时费力的工作，而这些恰恰是社会组织新媒体的用武之地。

在新媒体时代，信息的及时不是仅仅指传统意义上的首发，而是要在适当的节点传播适当的内容，不因抢发而误读。由于移动互联网的复杂特点，任何节点的消息都要务必兼顾实用性和可操作性，既要有一定的理念指导，又要占得先机。

如每次业内重大政策公布之后，及时对有关部门发布的文件进行解读，从中整理出用户需要的有效信息，创作出实用辅导类文章，让用户第一时间理解政策的意图，解答用户的疑问，有效彰显社会组织新媒体区别于政务媒体、社会媒体的独特价值。

3. 表明媒体立场的原创类报道要体现专业思辨力，既要有一定深度，又要兼顾实用性和可操作性，充分体现“小而专”的定位。这类文章的生命周期会比较长，阅读量会在相当长的时间内持续增长。

在推广方面，社会组织新媒体要尊重传播规律，追求有效流量，不追求“爆文”。推广渠道要少而精，作为用户对象精准、内容刚需的社会组织媒体，要在专业和用户黏度之间找到平衡。

在社会服务方面，社会组织新媒体可以充分利用互联网受众广、流量大的特点，结合自身优势发掘社会需要的服务项目，如近年来我国网络慈善事业方兴未艾，就得益于多家慈善机构利用新媒体不懈推广。

本章小结

专业性是新闻媒体安身立命的根本。新媒体环境下的新闻媒体应该遵循“高度＋活力＋感染力”的内容生产理念。

新闻资讯平台以新闻资讯为基础形成生态链，内容、技术、服务等方面是各平台未来发展的重点。社交媒体用户享有更多的选择权利，具有极高的商业价值，社交媒体营销已成为企业的共识。

自制内容、直播和短视频成为视频网站的发展目标和竞争方向。自媒体走上专业化、机构化、垂直化的发展道路。

应进一步丰富政务新媒体的信息发布形式和服务领域，融媒体是其重要的发展方向。企业新媒体是现代企业的重要信息载体，应以内容建设和活动为重点，推动企业的品牌建设。

社会组织新媒体应扬长避短，有效利用好自身资源。

引申思考

1. 谈谈你经常关注的政务媒体，提出其值得改进之处。
2. 随着读者和媒体间互动的加强，未来新闻资讯平台是否会被取代？
3. 你有过自媒体的经历吗？如何依靠内容建设让自媒体走得更远？

第十一章

新媒体市场开发

生存的关键：如何盈利？

对于新媒体来说，获取用户只是第一步，在获得用户关注之后，新媒体需要探索如何留住老用户、寻求新用户，以及凭借流量获得收入和增长，如此才能满足自身的可持续发展。

20世纪末，全球互联网经济迅速发展，我国门户网站的发展也如火如荼。新浪、网易、搜狐等中国第一代门户网站在起步阶段完全照搬了国外门户网站雅虎的模式，即以搜索引擎为基础，为用户提供平台服务，采取“风险投资+网络广告”的经营方式。

凭借“中国”与“互联网”这两个当时炙手可热的概念，2000年，新浪、网易和搜狐相继在美国上市。然而好景不长，就在三大门户网站刚上市不久，全球互联网经济泡沫破灭，持续走低的股市使整个互联网产业进入了低潮，网站裁员、并购、关门等情况屡屡发生。

在严峻的形势下，门户网站开始对自身发展模式进行了思考和调整，推出如网络游戏、无线增值服务、咨询增值服务、收费增值服务、电子商务、在线媒体等新业务，逐渐走向多元化。2002年搜狐、新浪、网易先后实现盈利，表明中国互联网已经告别了烧钱时代，开始步入盈利阶段。

经过三年的艰苦转型，中国三大门户网站从单纯模仿雅虎过渡到了自我成长期，探索出了以短信、网络游戏和网络广告为主的盈利模式。三大门户网站也有了各自的新定位：搜狐选择多元化，目标是新媒体、电子商务、通信和移动增值服务；新浪关注在线媒体及增值资讯服务；网易则选择收费增值服务、网络游戏作为突破口。从2004年开始，中国门户网站进入了稳定发展阶段。

新媒体在国内经过近20年的发展，运行方式与内容生产已经步入正轨，但依然面临着盈利的压力。一些媒体虽然顶着新名号，在探索盈利途径方面却没有新作为，新闻资讯业务与商业运营的界限不清，入不敷出，难以为继。

与此同时，中国互联网用户的个体商业价值被大大激活，拼多多、小红书、有赞、云集等社交电商平台通过充分挖掘用户个体和社群价值，以信任为基础有效进行商品和平台推广，取得了良好的经济收益。

当前新媒体业务经营与发展的趋势是多元化，通过广告、电商、增值服务等多元商业模式和多产业发展拓宽盈利渠道，获取商业价值。从实践来看，新媒体的各种盈利途径所占比重不一，前景各异：

新闻资讯类新媒体：为移动新闻资讯平台提供内容，增强平台活跃度，从移动新闻资讯平台获得流量分成、内容付费分成，从商家获得线下活动收入。

自媒体：为移动新闻资讯平台和个人用户提供内容，从移动新闻资讯平台获得流量分成、内容付费分成、内容导购收入分成、版权合作付费、签约费用、广告费用等，从个人用户获得用户打赏及其他渠道服务收入。

新闻资讯平台：为用户和自媒体提供新闻分发、定制内容、广告服务，从商家获得广告收入，从用户和自媒体获得定制内容和垂直服务收入。由于产品定位与功能设计的特点，与社交平台相比，用户对出现广告内容具有心理预期，因而具有较高的包容度。

除此之外，由于平台所收集分发的内容与产业链上下游结合紧密，可以围绕新闻资讯产业链形成的数据建立多元发展模式，进一步开发垂直服务。

新媒体要充分利用技术手段进行商业模式探索，在内容和形象上延续及重构传统媒体的公信力和影响力，通过媒体的品牌价值获利。同时综合运用技术手段进行运营创新，例如通过大数据技术抓取并分析用户信息，实现广告的精准投放。

社群（SNS）是目前网络研究者关注的焦点，有观点认为社群将成为未来互联网的发展趋势。用户在满足安全和基本需求后，社交将成为重要需求，用户按不同兴趣、爱好、经历在网上聚集成若干个社群，对媒体而言，这些社群有助于新闻与产品的定向有效传播。

中国网络社群数量与用户规模近年来持续增长，2016 年社群数量即已超 300 万个，用户超 2.7 亿人，网络社群经济市场规模超 3000 亿元。较为知名的有罗辑思维、果壳网、荔枝汇、霸蛮社、秋叶 PPT、吴晓波上海书友会等，围绕文化、科普、女性、餐饮、职场、财经知识等话题而构成一个个自行运转的生态圈。

内容、社群、商业、品牌、资源价值是网络社群经济的五大要素与核心竞争力。内容带来流量入口，社群是流量沉淀的渠道，商业实现流量变现，品牌促进用户购买，资源价值增加社群的行业影响力。对新媒体来说，抓住网络社群就能赢得巨大的市场空间。

案例

如何学会赚钱？

2016 年 6 月上线的趣头条，凭借“网赚”模式，即看新闻、视频的同时可以赚钱，通过“积分运营机制”切入下沉市场，很快收获了大量用户。截至 2018 年 8 月，趣头条 APP 的安装用户总量为 1.81 亿，平均每天活跃用户数量 2100 万。2018 年 9 月，趣头条正式挂牌美国纳斯达克交易所。

虽然成功上市，但是趣头条独特的“花钱买用户”模式一直被外界和投资人所诟病。趣头条一直将用户使用时长和收入挂钩，每个用户行为都被明码标价，这也意味着用户忠诚度随着补贴标准而起伏，存在极大的流动性和不稳定性，还易招致外界的批评。

2018 年 11 月，央视调查曝光趣头条以现金补贴鼓励用户阅读、转发并推荐好友下载，称其看似收获了用户时长和忠诚度，却由于传播内容低俗、低质，侵害了消费者的利益，甚至触碰了法律的底线。

伴随着高昂的内容、研发、营销成本的支出，趣头条没有找到可持续的盈利模式，作为重要收入来源的广告增长疲软，成本的增长趋势远高于营收增长。趣头条的经济压力不断增大，导致管理层、员工队伍出现动荡。

为扭转局面，趣头条在体育、健康、娱乐等内容板块大举投入，试图通过多样化的内容吸引不同圈层的用户。同时对下沉市场深度挖掘，以求吸引基层用户关注。能否找到适合自身、良性可持续的商业化模式，是趣头条面临的重大挑战。

从免费开始：内容付费

内容付费一直是传统媒体重要的收入来源，如报纸期刊的发行、有线电视的付费用户，新媒体也是如此。所不同的是，新媒体普遍走过了一条从免费到付费的转变之路，在挖掘潜在用户、培养用户消费习惯、促成用户由免费转化为付费方面进行了大量艰苦的探索。

我国新媒体的免费时代起源于 1997 年后的门户网站，以新浪、搜狐、网易为代表的第一代门户网站依托风险投资的输血，以新闻、游戏、电子邮箱等免费服务为诱饵吸引用户，“免费风暴”形成后旷日持久，网民普遍养成了上网浏览免费内容的习惯。

新媒体提供无偿内容是迫不得已，毕竟这是吸引人们关注的重要手段，一旦收费，用户立刻就流失到竞争对手那里，但是，提供无偿内容又容易使媒体陷入坐吃山空的窘境。一些新媒体付出大量前期成本后，在最后阶段未能有效转化用户，从而功败垂成。

为降低成本，很多新媒体避免原创，以直接盗用或用低廉的价格获得传统媒体的内容再转发给用户。近年来，一些新媒体企业开始对原创内容进行付费，但价格低廉，且制定单方面规则，引起了传统媒体的不满，版权纠纷不断发生。

一提到新闻付费，人们往往想到美国的《纽约时报》，这家传统媒体经过对新闻付费长时间的艰难探索和实践，终于取得了不错的效果。《纽约时报》自1996年以来尝试过各种类型的在线内容收费模式，但均以失败告终。2011年，《纽约时报》再度启动在线版收费，到2015年已拥有100万在线订户。2016年，来自数字订阅的收入达到5亿美元。

2017年，《纽约时报》充分利用特朗普当选美国总统这一热点事件，推出围绕特朗普的一系列深度时政评论，牢固树立了擅长深度分析及生产时政新闻的媒体形象。2017年，《纽约时报》的数字订阅用户增长了42%，而这一数字在2016年仅为20%，2018年仅为16%。

中国的信息传播环境与美国存在差别，要走的路更长。中国新媒体市场还处于增长期，读者习惯于获取免费信息资讯。国内一些知名媒体开始摸着石头过河，积极探索付费实践和创新内容运营模式。

2017年10月，国内以深度调查见长的财新传媒发出公告，称自11月6日起启动全面收费。除目前已收费的《财新周刊》等产品外，财新网的主要新闻内容都将实行收费或分时收费（48小时内免费，然后转入收费），《财新周刊》数字版价格为每年298元。评论认为，财新的全面收费也许会极大推动知识产权的保护和新闻原创的积极性，对互联网的免费模式也将产生冲击。虽然用户数量预计会下降，但黏性和忠诚度会上升。

与传统媒体收费的坎坷经历相比，新兴的视频网站在内容收费方面较为顺畅。视频网站一出现就赢得了大量用户的关注，迅速超越了传统的视频媒体（有线和无线电视）。经过几年的快速发展，我国视频网站用户规模持续大幅提升，“广告+会员费”为主的盈利模式业已形成。2015年6月，视频网站爱奇艺带头进入视频付费领域，探索月度、季度和年度收费模式，到年底会员突破千万。随后，其他视频网站快速跟进。截至2016年年底，国内视频有效付费用户规模突破7500万，市场规模为609亿元，同比增长56%，进入稳定增长阶段。

相较于电视频道，视频网站的用户黏性高、用户规模大、广告互动性强、转化率高，已经逐渐培养起用户的付费习惯。此外，视频网站在挖掘IP价值、与商业资源结合、打造全产业链方面的优势更明显，盈利模式更多样化，2019年其规模超过电视广告市场。

继视频网站之后，打开付费金矿的是音频节目和知识付费。突出的是网络音乐，2018年中国手机音乐客户端用户规模超过5亿人，用户已逐渐养成付费听音乐和音频节目的习惯。

知识付费作为价值体现形式，可以鼓励知识拥有者持续创造出更多优质内容，加快互联网知识经济的发展。近年来，移动互联网的快速发展让垂直化服务和个性化需求成为可能，知识付费作为一种原创内容保护方式应运而生，也被用来探索是否能成长为新的盈利途径。

2016年被称为“知识付费元年”，国内知识付费用户数量迅速增长。知识付费市场主要分布在金融财经、教育培训、消费理财、IT科技等领域，用户群体主要集中于月收入在5001—8000元的中等收入人群。一方面，中等收入人群对提升自身能力的知识有强烈的付费意愿；另一方面，他们有一定的支付能力。

喜马拉雅FM、知乎live、得到、分答、36氪、虎嗅、钛媒体等新媒体产品在各自细分领域迅速成为流量先驱，在短时间内聚拢了大量用户，实现了知识的变现。2016年，喜马拉雅发起的“123知识狂欢节”内容付费收入为5000万元，而到了2018年，“123知识狂欢节”收入达4.35亿元，是首年的8倍多。当然，探索内容付费的道路从来就不平坦，失败的例子比比皆是。

2016年推出的付费语音问答平台“分答”汇集了众多明星及名人在平台上回答问题，用户付费后向特定对象提出问题，对方则用1分钟时间作答，其他用户可以支付1元“偷听”回答。回答者获得用户支付的报酬以及“偷听费”总额的分成。

2017年6月，网络红人王思聪现身分答，报出每题3000元的“天价”（后涨到4999元每题），几天内回答了32个问题，内容包括情感、创业等，获利20余万元。

很快，用户发现名人回答问题的速度越来越慢。优质内容生产耗时长、专业性强，需要付出极大成本。而用户提出的海量问题千奇百怪，一一思考投入太大，对回答者来说很难长期维持下去。

网络红人“国民老公”王思聪回答的分答问题

知识付费在名人效应的拉动下火爆一时，随后很多平台迅速进入不温不火的状态，用户逐渐冷静，各个平台之间的差距也逐步拉大。对于资本市场而言，知识付费业务存在用户黏性差、人均付费标准偏低、付费人群增长缓慢、复购率低等制约因素，缺乏高成长性，增长的“天花板”较为明显。

对新媒体而言，知识付费是一个缓慢增长的市场，对内容资源的独特性与专业性会提出更高的要求，并非是短期业绩的增长源头。但从长远品牌建设、丰富内容和增加用户黏性而言，又是值得关注的开发领域。

量身定制：广告营销

新媒体广告行业历经多年发展渐趋成熟，投放渠道逐渐被打开。2018年中国网络广告市场规模为4914亿元，其中移动广告市场规模约占77%，手机拿走了新媒体行业最大份额的一块“蛋糕”。

随着网民规模的扩大、用户黏性的持续增强和广告形式的多样化，互联网广告的高性价比和精确营销优势已获得业内的普遍认可，越来越多的新媒体也将广告作为主要收入来源。

社交新媒体具有社交化、视频化、智能化的特点，能基于社交关系、兴趣和行为锁定目标受众进行精准营销，提升了广告投放的到达率和转化率，市场份额不断扩大。以微博为例，2017年微博实现总营收77.13亿元，其中广告收入为66.82亿元，占八成以上。

传统媒体的广告经营历来以受众的数量来为广告资源定价。这种理念认为，媒体受众群体量越大，投放的广告被看到的人就越多，效果就越好。因此纸质媒体的发行量、电视广播的收视率或收听率很重要，受众的数量也就代表真金白银。因此，中央电视台凭借超10亿的受众数量长期受到广告主的追捧。

进入互联网时代，这种经营理念逐渐暴露出一个弊端，那就是数量不等于质量，根据受众数量确定的广告价格到底值不值同等的价值？广告主不再满足于只看受众量，还要明确受众群体状况、行为方式特点、样本空间的有效转化率等详细数据，以证明自己的钱花得有价值，而这些正是新媒体的长处所在。

新媒体借助各种移动终端和平台收集受众数据，再通过数据挖掘和分析找出个性化和分众化群体，广告投放更具有定向性和精准性。相比于简单的受众数字来说，这对于广告主有更大的吸引力和价值，这也是新媒体得以抢占传统媒体广告份额的重要原因。

阿里巴巴集团持有微博 31.5% 的股份，旗下的电商平台和微博互相导流，使得电商的销售额和媒体的流量都同步增长。2018 年 6 月，微博与阿里巴巴旗下的营销平台“阿里妈妈”联合推出“U 微计划”，旨在打通电商及社交平台的数据，根据人的消费态度、生活习惯和消费偏好在微博上进行精准信息流投放，帮助商家高效触达用户，获得真正的量化决策依据。

作为首批试点之一，在英国科技公司戴森推出的新品智能扫地机器人上市之际，“U 微计划”对天猫 2000 万规模的相关人群和微博 300 万明星粉丝人群同时进行了触达，更精细化地拓展目标客户群，收到了良好效果。

传统媒体以往的广告投放都是以媒体为中心，投放的广告安排在纸媒的不同版面或者广电的不同时段，占据固定的空间和时间，由此而定的广告价格也不一样。广告效果测评主要根据两方面来确定：第一是广告的传播效果，常用的测评方法就是调查问卷和电话调查法；第二是广告的经济效果，常用的测评方法是对广告主在投放广告之前、投放过程中、投放之后各阶段的财务指标进行对比，再排除干扰因素，最后确定广告实际的经济效果。

调查问卷和电话调查法的特点是将目标广告拟发送的群体作为调查对象，然后设计、发放、回收问卷或电话访问，根据得来的数据进行分析，判断广告的传播效果。这种方法需要一定时间周期，且结果真实性令人存疑，有时很难具备说服力。

至于经济效果测评，同样在时效性方面较差，等到最后结果出来时，广告主已经来不及根据数据来改变或者撤销之前投放的广告，也无法精准地了解广告的经济效果，很大程度上起着“安慰剂”的作用。广告大师约翰·沃纳梅克曾有名言“我知道我的广告费有一半浪费了，但是我不知道是哪一半”，即针对于此。

新媒体通过大数据技术解决了上述难题。新媒体的受众不是被动的接受者，可以按照自己的想法和喜好对广告选择性阅读和观看，不感兴趣则会直接跳过。在这种情况下，根据广告版面和时段来确定广告投放价格的方式失去了科学性，用户实际点击或一定时长的观看才具有实际价值。

新媒体能够根据点击量和观看时长实现对全体样本的调查，广告播出后可以及时获知受众对某一则新闻或某一条视频的浏览量，受众有没有产生购买行为，购买了哪些商品，都会被及时记录下来，如果发现哪条广告投放后没有达到预期效果可以及时纠偏，时效性和效果远远超过传统方式。

通过以上经营对比，我们可以看到，大数据、云计算等技术的全面应用为新媒体广告的投放提供了有力支撑，伴随移动 APP、移动搜索等手段的成熟，以及移动用户体量的积累，移动互联网广告成为当前广告主最为青睐的投放渠道。

小贴士 有看法认为，传统媒体广告经营主要靠创意带动，新媒体广告经营则靠技术带动。

在传统的营销环境下，企业进行个性化的营销受到调研困难、信息传播范围窄等许多技术限制。新媒体传播环境则为企业进行个性化的营销提供了可能，消费者可以通过网络参加个性化商品的研发、生产和营销，企业与消费者可以实时交流互动接受反馈。如此生产和消费实现了一体化，企业可以抓住机遇开展个性化营销，为受众量身定制产品和服务，满足分众需求。

中国经济已进入供给侧改革时期，大众市场转换为小众市场，消费者不再以产品的质量优劣来进行判断，而是追求有个性、与同类产品相比更具特色的产品。新媒体让个性化产品服务与用户之间的路径变短了，尤其是视频形式给用户以更好的沉浸感，引发后续的追随、参与、浏览，用户的转化率大大增加。

2018 年春节前后，抖音用户用餐饮企业海底捞的火锅小料自制成番茄牛肉饭、海鲜粥等“花式食品”，视频上传后风靡网络，引发了200多个跟海底捞吃法有关的挑战赛，直接带动了各款火锅食材的销量。海底捞为了满足用户需求，不仅主动提供这种新搭配，还组织员工学习拍摄上传视频，以扩大销量和影响。

企业在新媒体广告投放逐步加大，但技术作弊造成的“虚假繁荣”也给许多广告主带来巨大困扰，因为“刷数据”行为在新媒体广告投放领域同样存在，给企业造成实质损失。随着企业越来越重视新媒体营销，配置团队的专业化程度也越来越高，广告主普遍期待引入第三方进行数据监测，以确保数据真实性，并据此及时做出营销策略调整，以提高广告投资回报率。

小贴士 数据造假直接影响了广告商的信心，危害整个新媒体行业，所以媒体从业者对其危害有一致的清醒认识。

流量致富：网红经济

随着信息爆炸式增长和消费者变得更加理性，企业在进行营销活动时不再单纯选择覆盖面广的传播渠道，而是强调营销信息传播的碎片化，提高传播的精准性。营销大师菲利浦·科特勒曾说：“只有针对更小范围内的受众，广告才可以得到最佳的效果。”

精准营销是充分利用新媒体，将营销信息推送到比较准确的受众群体中，从而既节省营销成本，又能起到最大化的营销效果。许多企业特别研究如何在营销信息传播上达到多样化、信息传播达到精准化，“网红经济”便是精准营销的手段之一。

通过新媒体的平台造势，网红们越来越职业化，并找到了可以变现的商业模式，将人气转变成商业价值，催生了新的经济业态——网红经济。

所谓网红经济，就是社交媒体通过网络红人获取关注、聚集人气、打造个性化品牌，再通过直播带货、刷礼物等手段，将庞大的粉丝数量转化为购买力、人气转变成商业价值，实现网红个人价值变现、媒体流量变现的新经济业态。常见的“网红经济”是以年轻的“时尚达人”为形象代表，以其品位和眼光为主导，带动商品的选款和视觉推广，在社交媒体上聚集人气，依托庞大的用户群体进行定向直播带货，从而将用户关注转化为现实购买力。

知名网红薇娅自2016年加入淘宝直播以来，连续4年获得淘宝直播官方嘉奖，被宝洁、飞利浦、上海家化等多家知名企业授予“全球好物推荐官”称号。2017年10月，薇娅在一场皮草节上交出了5个小时引导成交7000万元的成绩单，声名鹊起。2019年“双十一”期间，薇娅直播间引导网购成交金额超过30亿元。

2019年起，薇娅赴云南、安徽、湖南、青海、河南、黑龙江、湖北等地进行公益扶贫直播，用“以买代捐”的创新扶贫方式实现精准扶贫，参与百余场公益直播，累计引导成交额超5.7亿元，在帮助贫困地区优质产品打造品牌效应的同时，赋予了电商直播更多的社会价值。

网红经济兴起，而网红的直接推手新媒体从中也获利丰厚，使之成为媒体的一条盈利途径。

微博通过经纪公司签下了大量网红做电商，给其提供线上线下的推广机会，如举办用户嘉年华、超级红人节，在微博中给予更好的信息流推荐和广告位折扣。这些网红通过形象化的品牌内容输出获得用户信任，再吸引这些用户点击阿里巴巴销售链接，完成交易转化。微博则获得巨额的销售返还、流量和知名度。

2018年，内容生产者在微博上的收入规模达268亿元，其中网红电商收入达254亿，占比为94.8%。

网红的产生离不开幕后的机构推手，以及其根据新媒体特点进行的定向开发。以近年来火爆的短视频平台抖音为例，受众以女性居多，她们有丰富的情感和心理需求，向往美好的生活和感情，因此抖音适合强情感共鸣的题材，友情、亲情、爱情的题材天然具有更好的传播性。另外，抖音使用竖屏画面拍摄，从构图、剪辑到叙事与横屏相比都有完全不同的视角，这决定了基本内容制作的逻辑，以及内容经营者最终能否玩转抖音。

刷礼物专指粉丝主动向主播赠送直播平台设定的虚拟礼物的行为。粉丝需要在直播平台先充钱购买虚拟货币，再用虚拟货币购买虚拟礼物择机无偿送给主播，最后主播根据平台设定的分成比例将虚拟礼物兑换成真实收入。在直播经济的带动下，刷礼物的行为催生了一部分高收入的主播。刷礼物的行为既满足了粉丝的互动体验和情感需求，进而与主播建构起私密关系，又美化了刷礼物这一行为的金钱买卖实质。

垂直引流：服务延伸

延伸服务是新媒体持续性、开发潜力最强的一种变现模式，但门槛较高，需要启动资金和成形的产业链支撑，很多新媒体开始尝试用服务延伸去突破单纯生产内容的不足，把信息变成交易，把交易变成长期服务。因其重在引导读者流量到特定服务领域，故又被称为“引流”。

一些媒体尝试利用较强的用户黏性和庞大的用户基数发展电商服务，线上引流、线下变现，通过线下商品销售、培训、演讲等活动获得盈利。发展这种模式的新媒体都是以网络社群为基础，在自己擅长的垂直领域进行业务延伸，从而获得经济效益。因此，维系和发展社群是整个模式得以良好运行的根本。

垂直度高的媒体往往能够接触到更多的垂直行业资源，对其用户（粉丝）具有较大影响力，并且能够与用户建立更强的关联性，变现潜力较大。如 Forbes（福布斯）、Fortune（财富）有很多会议、论坛、培训业务，这些是新媒体可以直接延展的服务。

新媒体的服务变现能力直接取决于在用户群里精耕细作，实现“长尾效应”，即将众多个性化、零散的用户需求汇聚起来以产生巨大的市场需求。长尾效应更多是在社交的环境中形成，好的内容和产品一定会被分享与推荐，从而形成多层次的传播空间。因此，社交媒体和部分自媒体在这方面有着先天优势。

财经自媒体“吴晓波频道”在服务延伸上取得很大成功，以文字为入口提供各种各样的产品和服务，订阅用户超过400万。除广告、内容付费、培训、电商等传统内容变现手段外，频道开始探索会员模式，普通会员每年180元可以得到独家内容“每天听见吴晓波”“每周同上一堂课”“每月同读一本书”等。“企投家”会员费则高达49800元，面向企业高层读者。

除了精神产品，吴晓波频道还与瑞士制表品牌宝珀联合发起“宝珀·吴晓波青年午餐会”，与中国农业银行联合制作“吴晓波频道”信用卡，推出帮助传统制造业打造符合新中产消费群体品牌的“新匠人计划”等，试图实现从精神到物质的全覆盖业务链。

小贴士 服务延伸对媒体与用户之间全新的互动模式进行了探索，可以视为新媒体增长的蓝海空间。

案例

《中国好声音》的新媒体营销

2012年，浙江卫视从荷兰购买了一档音乐节目 *The Voice of Holland* 的版权，打造了一档大型专业音乐真人秀节目《中国好声音》，同年夏天以周播的形式面世。与传统电视节目一般需要几个月的时间逐渐被广泛知晓相比，《中国好声音》几乎“一夜暴富”，做到了落地即火爆，这是和栏目方善于利用新媒体营销分不开的。

节目未播出之前，节目组就通过明星导师的个人关系邀请一些明星朋友为节目捧场。诸如导演冯小刚，明星王菲、李玟、姚晨等都在自己的微博中发布推介性的话语。在首播当晚，则由更多的文化人士在微博上“奔走相告”，以名人微博为源头的有关《中国好声音》的微博转发量突破600万次，这是传统的营销方式望尘莫及的。

在第一期节目播出之后，这档节目开始在微博里发布各种视频链接，以强有力的标题引导观众点击，不仅听到选手的歌声，而且感受到节目的创意。截至9月30日总决赛当晚，节目官方微博用户数量超过137万，位居歌曲类选秀节目第一位。

在节目进程中出现了有关选手的身世、案例、个人表现等非议性内容，对此，栏目组因势利导，将其作为一个个典型案例在微博上进行正面的说明，同时制作《酷我真声音》进行正面回应。

《中国好声音》与多个网络平台建立合作关系，利用视频网站、搜索引擎、互动社区的渠道资源为节目推波助澜，使优质的电视节目经过网络多次发酵，达到了最佳的知名度和收视率。多家视频网站同步播出节目，并配备了最优质的宣传推广资源，保障了不能观看电视直播或者想重复观看的受众可以通过网站来回顾节目内容。

《中国好声音》第一季节目结束后，网络视频的点击率超过14.7亿，11家签约视频网站的总点击量超过26亿，仅一期《中国好声音》的爱奇艺流量就已经超过了央视春晚。

视频网站借助节目的优质内容不仅获得了更多的流量和广告收入，还对节目内容进行了更适合网络传播的改编，借助原节目开发出新的节目资源。如爱奇艺开发出“爱奇艺—中国好声音”客户端，推出了《学员推介会》等新节目。乐视网则独家获得《中国好声音》加长解密版和《中国好声音·成长教室》两档衍生节目的网络版权。在合作方均有收益的同时，《中国好声音》受益最大，此后开播的几季节目都保持了高水准，树立了节目品牌。

粉丝经济：自媒体变现

自媒体由于门槛低、数量多的特点，收益一般与固定读者数量（俗称粉丝）紧密挂钩。如果没有黏性强的庞大粉丝团，自媒体想要获得高阅读量、高收益是不可能的，自媒体变现也被通俗地称为“粉丝经济”。如何实现盈利，是当前多数自媒体集体的烦恼。

据新媒体测评机构“新榜”公布的数据，2018 年 82% 新媒体人月入不过万，收入来源主要是流量分成和广告，55% 的自媒体人日均工作时间超过 8 小时。

微博主办的“2018 年 V 影响力峰会”称，2018 年内容生产者在微博上的收入规模达 268 亿元，其中内容付费收入 2.4 亿元，广告变现 12 亿元，覆盖的垂直领域 60 个。但这些已经出现的“蛋糕”分布不均，少数知名自媒体（俗称头部媒体）获利丰厚，大多数自媒体仍苦苦挣扎。

知名头部自媒体，如罗辑思维、吴晓波频道等，全年的收入已达到亿元级别，团队成员达到几十人至上百人，但对个人品牌的依赖限制了这些头部媒体的潜在规模，即“人在流量在”。至于“非头部”的大多数自媒体，普遍变现困难，影响长期运作。少数有幸获得外界资本投资的自媒体在资金充裕一时的情况下，受到更紧迫的盈利压力，有的反而因快速招兵买马、管理失控而遭遇危机。

相比较其他新媒体类型，自媒体的盈利途径比较多样，但存在不稳定现象：

（一）用户直接打赏。用户可以根据自愿支付数量不等的金额表达对作者的喜爱，但多数用户付费习惯尚未形成，版权意识薄弱，打赏比例较少，因而打赏并未成为自媒体的主流盈利模式。

2018 年 1 月 6 日，演员贾乃亮在微博就之前舆论热议的其配偶与他人绯闻话题正面做出回应，获得网友关注，一天内即收获近 400 万的点赞。出于对此话题的关注，仅仅两个小时就有 5000 多人打赏。随后贾乃亮关闭了文章的打赏功能。

（二）广告分成。包括平台广告和自营广告。平台广告指各类新媒体平台在自媒体内容页面投放广告，自媒体用户会在阅读页面直接看到广告，平台根据点击数量、转发数量等指标与自媒体进行分成。对于那些坐拥数十万乃至数百万用户量的自媒体大号来说，这是最为直接的变现方式。

2016 年 4 月，短视频网红自媒体 papi 酱在以知名自媒体罗辑思维主导的广告资源招标会中，以 2200 万元的价格创下单条视频广告最高价格纪录，papi 酱也被称为“2016 年第一网红”。当年 11 月，罗辑思维从 papi 酱撤资“分手”。虽然被指有炒作嫌疑，但这次史无前例的自媒体拍卖事件将被载入中国互联网营销史册。

相比之下，大多数自媒体都是依靠自营广告实现盈利，包括在一些文章呈现页面中插入软性广告，撰写品牌定制的“软文”，或是在视频中植入广告和贴片广告。

（三）泛电商模式。依靠自身、产品、渠道盈利。自媒体有的利用微信服务号平台开设微店，有的直接将淘宝等电商链接放在置顶位置或阅读入口，还有的整合线上与线下资源，开展知识付费、培训、咨询等线下活动。此外，通过用户积累，自媒体还能向其他平台或线下进行导流和变现，也就是把用户介绍给别处换取返现。

2013 年，刚推出一年的罗辑思维风头无两，创始人罗振宇顺势推出了会员付费制度，5000 多个会员名额一天之内被哄抢一空。2014 年，罗辑思维公司成立，2015 年“得到”APP 上线，至 2019 年“得到”用户达到 3000 万，相关付费产品超过 150 个。2019 年 10 月，罗辑思维的估值超过 70 亿元，进入科创板上市辅导名单。罗振宇在自媒体变现的路上一直领先于同行。

（四）平台支持。新闻资讯平台是自媒体发展和盈利离不开的必要支持，不但能够提供信息分发渠道和智能分发方式，提升自媒体内容的分发效率，而且能够通过广告分成、现金补贴、原创保护、数据指导等形式，为自媒体提供资金支持和发展助力。有的平台还为内容创业者提供行业沙龙、融资对接、办公空间等创业服务，激发自媒体的创新活力。这些激励措施无疑是很好的尝试，有助于形成一整套适合新媒体的发展模式。

如今，各大新闻资讯平台纷纷建立了自己的自媒体平台，如头条号（今日头条）、企鹅号（腾讯）、大鱼号（UC浏览器）、网易号、搜狐号等，竞相以各种支持手段吸引自媒体入驻，希望通过扶持差异化自媒体内容助力平台品牌形象的建立，打造自身的核心竞争力。

以大鱼号为例，2017年3月，为了让创作者快捷高效地共享生态资源，阿里巴巴集团旗下阿里文娱集团将UC订阅号、优酷自频道统一升级为大鱼号，提供20亿元的短视频内容扶持资金，以“大鱼奖金”、广告分成、“大鱼合伙人”三部分分级激励方式为内容创作者提供扶持，进一步激励优秀原创作者及短视频创作产出。

大鱼奖金：除保持原有每月1000名万元基础创作奖金评选外，每月新增1000名万元视频专项创作金评选，优质创作者单月将有机会获得2万元双料奖金。

广告分成：增加原创内容收益翻倍规则，五星大鱼号可享受3倍收益，原创内容最高可获得6倍收益；另新增视频广告分成，视频创作者视频推荐及播放量达到一定标准，即可获得土豆、UC、优酷三个平台的广告分成。

大鱼合伙人：针对短视频中介机构推出了对赌激励模式，年播放量达到约定数值即可获得100万元奖励。

此外，内容创作者还可以通过用户打赏和“大鱼任务”等手段获得更多收入。后者是大鱼号平台帮助创作者对接阿里海量商户需求的产品服务，通过创作、生产、交付满足商户需求的作品可获得创作稿酬、商品交易佣金、商户所购流量费用的返点等多种收益。

（五）资本运作。伴随着互联网“去中心化”特征的逐步显现，自媒体作为领域广泛且类型丰富的新兴内容源，一度获得了资本的关注和初步介入，推动自媒体领域的投资热度显著提升。很多媒体人和作者都把创办自媒体作为实现个人价值和财务自由的途径，一些自媒体获得外界投资“一夜暴富”的报道不胫而走，给了很多自媒体人以坚持下去的信心。但事实是，2014 年以来诞生的数百万个自媒体公众号里，获得过融资的自媒体不到数百家，反映出资本对于自媒体的盈利前景仍在观望之中。

IT 桔子数据显示，2018 年我国自媒体行业发生 105 起投融资案件，相较于 2017 年 169 起、2016 年 225 起，数量有较大降幅。融资以天使轮和 A 轮的早期阶段居多，仅有“新世相”“樊登读书会”等 17 个项目完成 B 轮及以后融资。“知乎”“凯叔讲故事”“二更”等 7 个稳定批量输出优质内容、有可预见前景的老面孔吸引了绝大部分的行业资源，完成亿元以上融资。其中“知乎”以 2.7 亿美元的 E 轮融资刷新 2018 年行业内融资资金新高。

纵观获得投资、初步实现商业化运作的自媒体，其普遍具有以下共同特征：持续输出优质内容、聚集一定规模的稳定受众群、构建垂直领域影响力、渠道价值突出、与用户之间的互动良好等。满足了用户需要的高速、个性化、内容优质的阅读需求。

“幸运儿”自媒体都有鲜明的价值观，有自有用户群、自带流量和产品形态。还具有精准的指向，目标群体明确。比如，微信公众号“华尔街见闻”针对高学历和高净值用户，报道精选的全球金融资讯，凭借稳定长效地输出有价值的财经信息，深受用户追捧。一旦外部知识产权、隐私保护、内容监管、平台支持等环境完善，相信优秀自媒体会实现持久、健康、稳定的发展。

本章小结

新媒体面临经济压力，要充分利用技术手段进行商业模式探索、扩展和创新。

新媒体的主要盈利途径有内容付费、广告、网红经济、服务延伸等，需要通过打造内容品牌和媒体形象，延续和重构媒体的公信力和影响力，通过媒体的品牌价值获利。

引申思考

1. 新媒体还可以有什么样的盈利途径？

2. 网红经济是否等同于将个人行为简单捆绑广告？能否成为新媒体的主要盈利模式？

3. 如何打造属于个人的自媒体品牌并获得盈利？

第十二章

新媒体与投资

嗷嗷待哺：新媒体与投资

新媒体诞生的形式最常见的有两种：一种是传统媒体通过改造或者利用现有资源开拓新的媒体形式；另一种则是自发创办，发展壮大后再吸引外部资本注入。无论是哪种形式，新媒体在发展过程中大多都要经历"钱荒""嗷嗷待哺"的阶段，资金投入不足的问题普遍存在，迫切需要外界资本的注入。

资本是新媒体生存并发展的核心要素，也是传统媒体向新媒体快速转型的有效捷径，是传媒运营、发展和成长依赖的基础。媒体应当理性看待资本的作用，有效地获得资本并利用资本，使资本得以升值。当发展到一定程度后，则通过资源整合重组、投资收购、融资上市等资本运作手段拓宽融资渠道，完善资金链。

从媒体经营角度而言，充分借助政策和资本力量，根据现实需要对人力、技术、设备、资本等各项资源进行合理的优化配置，不断创新管理机制，方能获得更大发展空间。

鲁伯特·默多克于1952年继承了父亲的几份报纸，在短短三四十年间将其发展为跨越欧美、亚洲、大洋洲，涉足广播、影视、报业诸领域的传播媒介帝国。默多克一开始并没有想过影响世界、输出价值观，但是他利用资本的力量做强做大，并购整合了《泰晤士报》、福克斯电视网等欧美主流媒体，最终形成了庞大的媒体帝国。

我国传媒产业经过多年发展，已具有相当规模。清华大学新闻与传播学院《中国传媒产业发展报告（2019）》显示，2019年中国传媒产业总规模达2.09万亿元人民币，较上年增长11%，而这其中资本的力量不可忽视。

新媒体机构看上去风光，但大部分处于资本的"饥渴"状态。新媒体的开发过程中需要有效整合各种资源，需要大量的资金投入，如技术、宣传、内容生产、人力资源等。即使以门槛低的自媒体为例，个人可以依托社交平台建立起自媒体雏形，但在发展到更高层次、需要长期稳定批量化产出内容的时候，资金需求便会急剧上升，这是媒体发展的必然规律。

新媒体需要大量的资金，但自身又没有强大的盈利能力，投资回报周期漫长，“免费—广告”模式仍然是目前运营的主流。没有政府财政支持，难以获得银行帮助，大部分媒体很难靠自身力量来支撑后续发展。

在资金短缺的情况下，新媒体对资本的需求愈加迫切。资本运营是一种极为有效的融资手段，可以用少量的资产来控制、吸纳大量的社会闲散资金，扩大媒体的经济实力和社会影响力，有利于提高新媒体的竞争力和抗风险能力，为新媒体产业的发展提供强有力的经济保障。

单纯就经济角度来说，无论营收、利润规模还是利润率，媒体都不是资本理想的投资目标。原因在于媒体一般盈利有限，很难迅速扩大规模，独立上市难，退出渠道少，监管严格。但无论是媒体平台本身，还是依附于媒体的内容生产者，本质上都是左右舆论关注和流量分布的重要因素。投资媒体，就是投资引导未来互联网的权利。因此，资本从未放弃对媒体的关注，并不以一时的经济得失为考量标准。

资本对新媒体的投资呈现明显的周期性，一般在宏观经济下行、缺乏更有利可图的行业、媒体处境艰难时较多。以知识付费领域为例，相关数据显示，这一领域在2017年获得了52起投资，2018年仅有41起，2019年前10个月仅有7起，与宏观经济走势大致呈反向关系。

外界资本的注入对新媒体自身发展的意义是显而易见的，不仅能获得较充沛的资金，还能带来以下效应：

一、优化媒体市场的资源配置

我国传统上实行中央、省、市、县四级阶梯的传播体制，具有较强的地域性。中央级别媒体可以在全国范围内进行刊发，省、市、县级媒体一般在本地域范围之内刊发。各级媒体长时间专注于自己的一亩三分地，难以在全国范围内进行战略谋划和资源配置，久而久之便养成了“小农经济”的观念，缺乏竞争意识、战略眼光和世界胸怀。

新媒体的兴起打破了国内媒体行业条块分割、以块为主的行政管理体制，推动了媒体产业市场资源的优化配置，也强化了媒体的风险意识和主体意识。新媒体虽然在形式上具有地域性，但网络的连接是全国甚至全球性的，轻易就打破了这种地域限制。

小贴士　资本运营可以促进媒体资源的流动，有利于全国媒体资源的整体优化和规模效应，也有助于媒体机制的改革。

因此，资本进入新媒体不仅是一个运营资金多少的问题，而且在根本上打破媒体资源的地方化和条块化格局，加快媒体资源市场化、最优化配置的进程，促进了媒体的变革。

二、培养媒体用户至上的资本运营理念

在传统的媒体市场上，规模和品牌是资本选择的重要指标。但在新媒体环境中，资本运营的关注重心是用户，用户在哪里，资本就在哪里。新媒体的用户不再是被动接受的受众，而是享有主动选择权利的客户，不仅是媒体内容的消费者，同时也是内容创作的参与者。用户与媒体在互动中实现双赢。

用户规模的大小、品位的高低是资本或者风投的重要决策依据。由于资本运营可使媒体从全国甚至全球市场汲取资金、优化配置资源，品牌的价值和竞争就变得十分重要，而且有了产生全国性乃至全球性媒体“航母”的可能。

总之，资本运营是媒体发展到较高阶段的必然实践，是一种经营的进步和行业开放的表现。资本运营会给媒体、市场、管理者和用户带来不同的影响，如何在实践中遵循行业规律、市场规律、资本规律和社会发展规

律，兴利除弊，实现资本、媒体、社会的互惠共赢，是所有媒体未来都要面对的重大问题。

在新媒体蓬勃发展的大环境下，各种形式的媒体合作、资金拆借、资产并购与重组、投资与上市等情况层出不穷，资本的流量、流向和流程成了衡量媒体自身经营活跃程度乃至得失成败的重要指标。

潮起潮落：我国新媒体投资现状

不同于西方私有制化的传媒集团，我国传统媒体是国家机关领导之下的事业单位，对非公有资本进入传媒有严格限制。而新媒体产业所蕴含的巨大商业价值与较少受政策限制的低门槛，使得境外资本自20世纪末开始争相进入我国新媒体市场。

鉴于我国法律对外资的限制，以及我国金融市场风险资本的缺位，境外资本或通过境外私募股权基金（PE）与风险资本（VC）投资中国互联网企业股权，或通过收购、兼并中国新媒体企业，或通过战略合资、品牌合作、购买境外上市中国互联网企业股票，大规模进入中国新媒体行业。

外资进入的领域包括门户网站、社交媒体、移动客户端、自媒体等，遍及多种新媒体平台，可以说是全面进军中国新媒体产业。很多知名企业包括新浪、搜狐、腾讯、百度、优酷网、人人网等无不源于境外资本。当然，拿到资本并不是新媒体成功的必然保证，即便是融了若干轮资本也难保高枕无忧。比如，优酷网、土豆网各自都融了五六轮风险资本，甚至做到了网络视频行业前两名的位置，最后还是被阿里巴巴一并收购。

美国国际数据集团（IDG）是第一家进入中国市场的美国技术信息服务公司，旗下的IDG资本是专注于中国市场的专业投资基金。IDG资本1993年开始进入中国市场，其在互联网及无线应用、新媒体领域的投资尤为引人关注。

IDG资本在中国业务的主体是风险投资，投资大多集中在项目运行初期、股东结构简单的公司。投资的专业媒体有《计算机世界》《IT经理世界》《网络世界》《微电脑世界》，投资的网站有搜狐、8848、宜信、金蝶、雅宝、天极、当当、搜房、易趣、美商网、3721、腾讯、四海商舟、索易、鲨威体坛等近百个项目，几乎包括所有中国互联网代表企业，每一次互联网高潮出现的“现象级”公司几乎都与IDG有关。

IDG资本投资回报最高的项目是搜房网和百度。1999年投资搜房网100万美元，2010年上市后变为1.08亿美元。2000年投资百度150万美元，2005年百度上市后获得的投资回报为100倍。

在资本支持下崛起的一些大型互联网公司羽翼丰满之后，很快从被投资者转化为投资者，进一步强化新媒体产业的投资布局，从搭建自有入口到兼并、收购既有平台，抢占渠道与平台，不断改变着中国新媒体格局。百度、阿里巴巴、腾讯（BAT）等巨头以集成经济扩张为主导打造传媒航母，深刻改变了我国传媒格局和经济格局。

在国家推动文化产业大发展、大繁荣的背景下，国内传媒产业获得了腾飞的契机，资本越来越成为媒介资源优化配置、整合与升级的幕后推手。随着政策的进一步放宽，媒体的投融资渠道也不只是来自海外或民间，国资背景的基金或创投公司不断涌现。跨媒体、跨行业、跨地区资本运营已成为媒体经营的常态。

2012年4月27日，人民网在上海证交所上市，成为第一家在国内A股上市的新闻网站，第一家在国内A股整体上市的媒体企业。上市筹集资金的融入，对人民网的整体发展起到不可估量的作用。目前在国内上市的新媒体企业有人民网、乐视网、南方传媒、新华网等，在国外上市的有新浪、网易、优酷、土豆、陌陌等。

在腾讯、阿里巴巴和百度一飞冲天的刺激下，国内传统媒体行业对资本的需求和冲动持续升温。我国传媒业的投融资手段更为丰富，除了人们熟知的PE（私募股权）、VC（风险投资）、银行贷款之外，还包括直接上市融资、海外上市公司从国外资本市场私有化并回归国内上市、引进战略投资者、成立传媒产业投资基金、股权质押、定向增发融资、发行短期债券、跨境并购等。

资本市场一向“嫌贫爱富”，对于传媒类上市公司的追捧主要集中在互联网技术板块以及传统媒体向新媒体的转型上，比如，信息网络建设、媒体融合、信息系统以及网络平台建设、云平台新媒体建设等概念。直播、二次元文化视频、短视频等领域被看好，而虚拟现实（VR）、增强现实（AR）、混合现实（MR）、电视盒子、可穿戴设备、大数据等与媒体相关的技术也备受各界关注。

在众多投融资事件当中，最抢镜的并非传统投资机构，而是以BAT和字节跳动为代表的互联网科技公司。

在竞争激烈的新媒体领域，自主研发产品进行媒体竞争已经很难有实际成效，性价比高的选择是利用政策和资本优势，收购这个领域内发展成熟的媒体项目。因此，在新媒体的发展原动力和市场需求的双重作用下，BAT等以雄厚资本为后盾，对新媒体进行收购和兼并，此类事件层出不穷。

2018年主要新媒体投融资事件

媒体	时间	融资轮次	融资金额	领域	投资方
一条	1月	C+	5亿美元	自媒体	京东、东博
新世相	2月	B	1亿元以上	自媒体	昆仑万维
凯叔讲故事	3月	B+	1.56亿元	自媒体	微影资本、正心谷创投等
斗鱼	3月	不详	40亿元	直播	腾讯
虎牙	3月	不详	4.6亿美元	直播	腾讯
趣头条	3月	Pre-IPO	上亿美元	资讯应用	腾讯领投
梨视频	4月	A	6.17亿元	短视频	腾讯领投，百度等跟投
二更	4月	B3	1.2亿元	自媒体	雄牛资本、坤言资本领投
耀世星辉	5月	不详	2.1亿元	短视频	三位战略投资者

续表

媒体	时间	融资轮次	融资金额	领域	投资方
知乎	7月	E	2.7亿美元	内容平台	一家新基金
脉脉	8月	D	2亿美元	社交	DST领投
子弹短信	8月	不详	1.5亿元	社交	高榕资本、成为资本
年糕妈妈	9月	B+	1亿元以上	自媒体	未透露
克拉克拉	10月	Pre-A、A	1.2亿元	直播	微博、沸点资本等
微吼	12月	D	2.3亿元	直播	深创投

在资本市场上“马太效应”明显，资本的流向并不是无章法地流向四面八方。在成本和盈利的驱使下，资本总是向优势企业聚集，资本运营的主角要么是其他行业的巨无霸，要么是媒体行业的老品牌，要么是新媒体领域的佼佼者。

在美国，近年来影响较大的两起收购案的主角都是美国最大的电信运营商美国电话电报公司（AT&T）：2015 年以 490 亿美元收购美国最大的卫星电视服务商 Di-rec TV；2016 年以 854 亿美元收购美国最大的传统媒体集团时代华纳集团。后者作为 2016 年全球媒体市场最大的一笔并购交易，给传统媒体带来了巨大震撼。

时代华纳集团是世界知名的传媒巨头，旗下拥有 HBO、华纳兄弟、CNN、TNT、TBS 等众多影视品牌。很明显，AT&T 不仅想做美国顶级的渠道商，还想通过收购时代华纳，打造一个全新的“内容帝国”。

为了在竞争中巩固其垄断地位，美国大型企业尤其关注提升研发能力、扩大市场规模、提升资产规模。最具潜力、成长最快的优质中小企业经过资本市场交易和价值发现后，大都很快被大型企业以并购等方式吞并。苹果、谷歌等公司规模的迅速壮大，都离不开对那些技术先锋型中小科技公司持续不断的兼并。

在国内，媒体资本市场表现出同样的特征。资本驱动下的媒体资源不断进行重新配置。国内很多新媒体和传统媒体不但自身不断壮大，而且不断将触角延伸、渗透到产业链上下游甚至相邻的其他产业。以字节跳动为例，其投资方向从早年的媒体资讯拓展到工具、社交类应用软件，乃至教育、医疗、金融、电商、企业服务等多个领域。

纸面财富：新媒体价值判断

对投资人而言，新媒体的发展速度日新月异，热点转换很快，格局扑朔迷离，为此就要从媒体行业的运行规律和市场未来趋势出发，审慎判断拟投资媒体的价值，以此确定发展的策略。

如今，我国新媒体市场热闹非凡，由"量变"转向"质变"发展成为必然趋势。新媒体需要经历一个转型整合阶段，在这一时期新媒体的商业价值链被不断拉长，资本之间的博弈强度不断增加，成本回收周期也越来越长，增加了资本获利的不确定性，投资者也会因此变得更加慎重。

目前新媒体的运营方既有传统媒体，也有新兴新闻资讯平台，更有很多垂直自媒体通过在某个领域提供高品质、独具特色的信息资讯，也争取到了自己的生存空间。在这样的形势下，投资者怎样把握媒体投资的规律，怎样判断一家新媒体是否具备投资价值？

第一，充分理解政策，谨慎选择进入时点。在媒体领域，意识形态和社会价值是商业价值成立的前提。从这个角度说，媒体行业的创业风险比较大。政策支持能够为媒体的发展提供机遇和便利，媒体的运营要严格遵守相关法律法规，服从政府的管理。因此，投资者必须准确理解政策的内涵，充分理解监管方所发出的信息，在政策支持新媒体企业发展时适时进入。

由于所传播的信息资讯类型不同，是定位于商业财经还是时政报道，是体育娱乐还是文化教育，不同类型的新媒体所隐含的商业价值是有差异的，天花板的高度各不相同，面临的监管力度也会不同。因此投资者应当高度关注意识形态要求，慎重考虑政策波动的影响，认真对被投资媒体进行考察。

随着有关监管的加强，新媒体的精准垂直内容越来越重要，专业化程度升高，极度细分领域的专业内容生产者因此受益，对于那些规模化生产内容的新媒体造成较大冲击。同时，商业化内容生产更趋向于结果导向，强调转化率。

在热门的短视频领域，更专业的团队开始入场，很多靠低俗引流的短视频生产者受到来自监管和平台的压力而退出。

第二，理解技术进步，跟上时代潮流。互联网技术的迭代变化导致新媒体竞争格局不断发生重大变化，错过潮流可能意味着南辕北辙。比如，在传统 PC 时代，新闻聚合网站曾大行其道，但随着智能手机的出现和普及，这类网站急剧没落，投资者的付出打了水漂，而手机新闻客户端则流行起来。

未来技术进而很可能会改变人们通过手机客户端获得新闻资讯的方式。因此投资者必须积极跟踪技术进步的步伐，认真思考技术平台进步所导致的竞争格局的改变。

小贴士　只有准确把握潮流，投资者才能在新媒体技术平台的迁移过程中抢占先机，获得更大的发展空间，否则可能血本无归。

时下，新媒体的形态并未充分展开，仍有大量机会存在。即便是在大量垂直媒体涌现的情况下，用户需求仍未得到充分满足，媒体的形态、服务、产品模式等各方面都还有巨大的提升空间。

例如，视频媒体、声音媒体在新闻和资讯领域的应用还有待挖掘。而且在拥有足够用户数量的情况下，怎样服务好用户并获得合理的商业回报，仍是一个尚未得到充分解决的问题。从这个意义上说，各种形式的新媒体创业空间都是巨大的，好的创业和投资机会依然很多。

第三，准确判断具体媒体的商业价值，规避数据及流量造假，合理进行估值，帮助其完善盈利模式，拓展市场空间。

新媒体的综合竞争力可从品牌、流量、盈利能力、发展潜力和运营创新能力等方面衡量，而用户数量、用户增长趋势、评论量、点赞数等维度是最直观的评判指标，可全面考察媒体的综合实力和价值。

在纸媒时代，判断一份报纸的投资价值和商业价值，核心标准是订户数。报纸订户数越多，其投资价值和市场价值也越大。与此同理，衡量新媒体投资价值的依据仍然是用户数量，以及相关联的点击量、点赞量、阅读时长、阅读频率、转化率、人均消费等数据。当然，前提是数据必须真实。

小贴士 在投资过程中，投资者要善于分辨真假数据，不为虚假流量所蒙蔽。

2018 年 4 月，视频巨头爱奇艺公司向法院指控杭州某公司及其高管“刷流量”。据爱奇艺公司不完全统计，自 2017 年 2 月 1 日至 2017 年 6 月 2 日，被告在爱奇艺网站制造了 9 亿多次的虚假访问量。按照被告 15 元 /1 万次的收费标准，三名被告的非法收入达 135 万元。

爱奇艺公司认为，播放数据影响公司判断视频的受欢迎程度，进而会影响到公司制定的视频内容版权采购策略。被告的行为导致原告无法判断哪些是真正受欢迎的视频内容，降低了原告向真实用户、合作商所提供的视频访问统计数据的真实性、可信度，给原告的行业口碑造成严重负面影响。因此，爱奇艺公司请求判令被告立即停止针对爱奇艺网站视频内容的刷量行为，赔偿经济损失 500 万元人民币，同时在权威媒体上刊登声明消除影响。

在新媒体时代，媒体是否拥有更多的用户数，这些用户是否具备更强的消费能力，媒体资讯内容是否容易导向消费行为，决定了媒体是否具备较大的商业价值。和传统的纸媒相比，新媒体的用户是可以接触、到达、深度开发的用户，其创造的商业价值远远超过传统纸媒的订户。

小贴士 新媒体的商业价值不仅仅是内容购买或广告，还能通过互动不断提高用户的参与程度，来挖掘用户更大的商业价值。

以自媒体罗辑思维为例，罗辑思维并不直接拿订户数去换广告，而是搭车销售其他产品，如书籍、月饼、培训项目等，实现了可观的商业价值。所以，新媒体的用户数量与传统媒体的订户数所能创造的商业价值是不同的。

从商业角度而言，纯粹的媒体可以用来积累用户，建立品牌和形象，但盈利形成不了指数型增长，所以媒体本身的收入增长有天花板，商业价值不会太大。对很多投资者而言，单纯去投一家媒体获利有限，能够吸引用户流量的媒体意味着可以此作为有效的商业渠道去做深度开发，这才是投资者真正感兴趣的所在。

小贴士 百度、微信、今日头条等知名新媒体平台的核心价值在于传播渠道和用户流量，对投资者而言是真正的金矿。

如今有很多风行一时的自媒体，其本质与传统媒体并无区别，依然是做纯内容的生产者，在度过红利期并进入良性稳定发展阶段后，其价值泡沫将难以持续。而那些能为用户提供稳定、独到服务，用户活跃度高的媒体将能吸引投资者的关注，也是判断一家媒体商业潜力与影响力的重要指标，因为能够真正把忠实用户导流过来的媒体才具有商业价值。

新媒体的优势在于其强大的信息搜集整理能力，但在保证效率和质量的同时，还要注意盈利模式的创新。

目前很多新媒体的盈利模式都比较单一，很难实现企业的长远发展。在盈利模式不清晰的情况下，对新媒体的投资自然呈现出很大的风险性，让投资者很难建立起信心，而资本的缺乏会进一步导致新媒体的举步维艰，从而形成一种恶性循环。因此，投资者必须帮助所投资媒体采用多元化的盈利模式拓展市场基础，这样，即使媒体的某一种盈利模式投资遇到失败，还可以依靠其他的盈利模式来获得利润和发展。

第四，加强对被投资企业的管理。资本进入企业时，一般采取以下措施来加强对被投资企业的管理，以降低投资风险：参加企业重大决策及战略的制定和讨论，要求企业董事会留出一定席位给投资者；要求定期考察被投资企业的管理情况和审查被投资企业的财务报表，以防资金被挪用或侵占；等等。尤其是风险投资机构更会通过严密的合同条款，争取额外的控制权以及董事会中较多席位等措施，以便在被投资企业发生管理或者财务危机时进行积极有效的干预和控制。

对新媒体而言，由于市场本身常常处于剧烈变化之中，技术、用户、监管、竞争对手等因素难以事前准确预测，经营团队的经验和执行力度至关重要，也是投资者依靠的重要条件。

在拥有较大用户数的基础上，运营团队是否有能力将这些用户变成真实的商业用户，充分发掘出其商业价值，决定了媒体经营和投资的成败。这就要求运营团队具备互联网，特别是移动互联网产品的运营能力，实现媒体与互联网产品的深度融合，及时适应和驾驭技术环境所引起的商业环境变化，而这种能力是当下的一种稀缺资源，投资新媒体最大的挑战便来源于此。

一个有意思的现象是，新媒体的扩张导致人才稀缺，很多传统媒体从业者无论是否优秀，都不约而同地去新媒体做起了高管，甚至自己当了老板。这一方面说明新媒体缺乏管理人才；另一方面说明，投资者往往要为那些非优秀媒体人的跳槽行为买单。

第五，制定并实现切实可行的退出机制。新媒体作为企业和新兴产业，必然面临各种风险，投资者在考虑获得高额回报时，必须制定切实可行的退出机制，以便在发生危机时能够及时退出。这种退出机制一般有三种：一是被投资媒体公开发行股票上市，投资者可以通过出售股份退出；二是由被投资媒体回购风险资本；三是将被投资媒体的股份或部分股份转让给其他投资者。

鉴于目前的资本和商业市场状况，新媒体普遍体量较小，存在上市难的问题，也很难有回购的资金实力，第三种退出方式更多一些，多数回报不尽如人意。因此投资者必须综合考虑各种风险，采取联合投资等形式降低风险，避免投资失败时导致的被动局面。

案例

数据造假阴云下的新媒体

这是一个“靠数据说话”的时代，数据与利益直接挂钩。对新媒体来说，用户点击量是根本，内容阅读量是生命。如今，单篇网络文章点击量破十万（10 万 +）成为越来越常见的现象，但这亮丽的数据似乎含有不少水分。

据媒体及第三方机构调查结果，新媒体买粉、买水军已是一个公开的秘密，与我们日常关系更为密切的社交媒体——微博、微信也已沦陷。据称，在国内某知名电商平台上，只需 40 元就可以买到 1 个微博粉丝。

通过数据监测工具分析某些知名微博、微信公众号的阅读点赞变化趋势，就会发现漂亮数据的秘密：深夜阅读量狂涨，几分钟内飙涨几千赞，阅读量大幅上涨而点赞和转发量却没有变化，点赞量大幅上涨而阅读量基本不变，等等。究其原因，网络“刷流量”（利用软件作弊增加虚假阅读量、点赞数）已经成为一条黑色产业链。

数据造假对整个媒体行业乃至整个社会造成严重的负面影响。

一是干扰正常的市场秩序，“劣币驱逐良币”。踏实做内容的媒体被泡沫流量挤压，找不到生存空间和发展空间，难以被市场和受众认可，造假媒体与个人却大行其道。

二是挫伤广告商的积极性。广告商花了大把的钱却浪费在虚假流量上，达不到预期的投放效果，长此以往，自然会对媒体失去信心，不利于整个行业的健康发展。

三是造假行为本身就是不道德的，会对整个行业和社会风气造成恶劣影响。依靠虚假数据实现商业变现是媒体工作者的悲哀。

激浊扬清：新媒体投资监管

资本进入媒体也会带来诸多消极影响，说资本是一把“双刃剑”毫不夸张。运营得合理，资本将会给媒体带来更大的市场竞争力、社会影响力和创新能力；运营得不好，资本的利益没有享受到，反而可能触及资本运营的市场风险和社会副作用。

小贴士 对我国大多数媒体来说，资本运营并不是一种点石成金、一本万利的机遇，而是一门急需补习的必修课。

资本进入新媒体领域，对监管部门来说意味着不确定性增大，管理难度上升。究其原因，资本市场的复杂性和监管难度比起媒体来有过之而无不及，新媒体在资本支持下可能会形成信息垄断、西方意识形态的渗透等风险，具体表现为：

其一，唯利是图，淡化媒体的社会责任。

传媒产业一方面具有创造巨大经济利益的潜力，另一方面具有社会文化价值。新媒体为用户参与媒体内容的创造、参与社会生活资源共享提供了高速便捷的通道，其价值绝不仅限于财务报表上的盈余数字。

资本投资新媒体主要是追求资本增值，而由于其社会属性和公益特性，媒体在遵循市场规律的同时又不能无限度地追求经济利益，需要承担一定的社会责任。因此媒体必须在资本的逻辑和社会利益之间把握好平衡。

随着新媒体的快速发展，资本易在媒体内容中渗透资方意志，束缚所介入的媒体，在损坏媒体独立性的同时，也在一定程度上给公共舆论导向带来一系列潜在问题。

在利润最大化原则的指导下，一些新媒体片面追求收视率和流量，主推娱乐节目和广告节目，有的甚至是低俗节目，严重损害了媒体的文化形象。一些媒体利用新闻权力寻租，为了利益不惜用负面新闻绑架广告商和企业主，“竞价排名”“有偿删帖”等事件时有发生。

有偿删帖主要是指违反国家规定，收受他人财物，为他人删除、下沉、稀释网上信息的行为。根据最高人民法院、最高人民检察院有关司法解释，有偿删帖属于违法行为，构成非法经营罪。

2018 年 12 月，湖北荆州警方成功侦破公安部督办的特大“网络水军”非法经营案，捣毁家族式网络删帖团伙 1 个，查处涉嫌“有偿删帖”非法经营行为的公司 4 家，抓获涉案人员 13 人，涉案金额 3000 余万元，涉及多个知名网站。

此外，在资本的裹挟下，近年来媒体行业也出现了财务造假、虚构影响力和管理层腐败等乱象。尤其是新媒体数据造假的现象不仅严重扰乱了新媒体行业的市场秩序，也影响了行业声誉。

其二，管理失控，给政府部门带来挑战。

随着用户呈几何倍数增长，新媒体迅速扩张成为信息聚合平台，在很多领域已经取代了传统媒体的话语权地位。新媒体平台的把关人是政府与媒体，但鉴于网络平台的纷繁复杂，真正在发布源头进行控制的只有媒体自身，一些高增长新媒体机构的管理者正面临着“管理失控”的风险。一些外资背景的新媒体平台携带着西方的价值观念和意识形态，对中国社会和民族文化的健康发展造成一定冲击。

其三，压制舆论，侵蚀公共空间。

如今，少数新媒体平台依靠自身雄厚的资本，整合丰富资源，日渐形成庞大的闭环媒体生态环境，使得真正参与渠道竞争的有效主体持续减少，信息资源难以实现有效配置，用户本应该在公共领域自由表达或获取的信息被拦截。看似依托互联网形成的自由氛围与空间被逐步收紧，信息产品面临着失去自由流通的机会，这是媒体垄断所形成的隐蔽霸权。

资本可以给企业或媒体带来发展动力，也会出于逐利和扩张的需要，打压言论的自由和多元化，甚至阻碍媒体内容的创新。资本进驻新媒体后掌握了话语权，控制舆论导向，压制不利于广告商、股东和特殊利益集团的新闻报道。

在俄罗斯，20 世纪 90 年代叶利钦时代曾出现金融工业寡头对传媒的垄断，寡头们利用传媒干预政治，媒体的独立性遭到破坏。寡头集团颠覆了新闻和网络作为公共平台的作用，将其变成压制不同观点的手段，让个人成为无独立思想和独立判断的享乐追求者，甚至影响到国家政治，这一教训不可谓不深刻。

新媒体时代，网络空间已经成为国家安全和意识形态竞争的无形疆域。在 2015 年世界互联网大会上，习近平总书记指出："网络安全是全球性挑战，没有哪个国家能够置身事外、独善其身，维护网络安全是国际社会的共同责任。"

网络安全是国家安全的重要组成部分，从这一高度充分认识资本控制并加强对新媒体投资的监管成为当务之急。

一、从国家安全战略审视资本与新媒体

新媒体已经成为中国传媒产业的重要组成部分，对提升国家软实力的作用不言而喻。政府要从国家安全战略的高度审视资本失控可能带来的意识形态安全问题，积极应对潜在的文化渗透，帮助广大人民群众认识与防范新媒体上存在的煽动情绪与非理性判断，发动网民积极参与对新媒体发展的治理与管控，以维护国家安全。同时，要加强网络监管队伍的培训和意识形态教育，使其能够辨识意识形态发挥作用的过程与要素，及时解决新媒体平台中的潜在问题。

此外，政府应当着力打造自有品牌的新媒体平台，强化与基层群众的交流与互动，有针对性地满足广大用户的精神文化需求，实现人民群众在新媒体领域的话语权，抵御外部意识形态的渗透。

二、法规建设：制定严格的市场准入与监督机制

国家应加强对资本进入新媒体领域的法律建设，建立一套完善的风险规避机制与法规体系，以防资本进入境内新媒体所产生的产业风险。政府部门可以对不同的新媒体类型采用不同的产业准入制度，实现监管资源的合理配置，对重点领域实行更为严密的准入审核与监管。同时实现多种监管手段并行，如增设相关协会、增强新媒体行业自律。

三、股权改革：发挥国有资本对新媒体建设的主导

新媒体平台已经成为舆论形成与传播的新源头，与国家利益、公众利益的联系日益紧密。要大力推动国有资本以战略投资者的形式加强对新媒体产业尤其是知名新媒体企业的投资，从根源上避免外资比重过大所带来的风险。同时，不断完善国内投资制度，引导更多民营资本进入新媒体领域，实现多元资本之间的平衡。

中国新媒体产业格局在资本、媒体与权力交织中不断变迁发展。新媒体依照资本的逻辑进行内容生产与营销，必然会发生与社会利益的碰撞和冲突，需要用法律法规、行业规章与媒体自律共同来规避。

小贴士　有关部门要时刻保持高度警觉，在完善的法律体系下积极打造更完善的市场监管制度，维护第四空间的国家安全。

新的路径：国有资本投资新媒体

随着传媒市场对资本的需求不断增长，我国先后出台了多项政策支持文化企业发展，为国有资本打开了投资新媒体之门，国有资本投资、并购、

重组新媒体企业的政策环境日益宽松。

2012年，国务院公布《国家"十二五"时期文化改革发展规划纲要》，鼓励互联网等新兴媒体建设，鼓励支持国有资本进入新兴媒体，做强重点新闻网站，建设在国内外有较强影响力的综合性网站和特色网站。

2015年，中共中央办公厅、国务院办公厅印发了《关于推动国有文化企业把社会效益放在首位、实现社会效益和经济效益相统一的指导意见》，明确鼓励符合条件的国有文化企业上市融资，推动传统媒体与新兴媒体融合发展，强化互联网思维，实现跨媒体、全媒体发展。

2016年，五部门联合出台《关于深化国有文化企业分类改革的意见》，提出，依据企业战略定位、功能作用、改革发展现状及其主营业务和核心业务范围，将国有文化企业分为新闻信息服务、内容创作生产、传播渠道、投资运营和综合经营五种类型，区别对待、分类改革，确保资产保值增值，增强核心竞争力。

《关于推动传统媒体和新兴媒体融合发展的指导意见》明确提出，着力打造一批形态多样、手段先进、具有竞争力的新型主流媒体，建成几家拥有强大实力和传播力、公信力、影响力的新型媒体集团，形成立体多样、融合发展的现代传播体系。

在国有资本投资新媒体方面，传统媒体由于自身的性质，对行业和业务的熟悉，当仁不让地成为运营主体。一些传统媒体正在尝试投身资本运营，力图在本行业和新媒体产业市场上有所作为，但面临的困难也不小。

一方面，传统媒体进行资本运营有诸多体制限制，包括条块分割、多头管理的管理体制与规模化发展之间的矛盾。另一方面，传统媒体自身资本积累有限，缺乏资本运作经验、渠道和人才，难以在行业内施展身手。此外，传统媒体的核心业务投资限制较多，而边缘业务又难以引起外来资本的兴趣。

相对于传统媒体来说，新媒体的宣传责任在整个经营系统中所占的比重小得多，拥有更灵活的经营方式，更容易从传统媒体的母体中分离出来，成为一个纯粹的经营性企业。在政策允许的前提下，传统媒体可以将新媒体业务独立出来专门从事经营，更有利于发挥其在市场上的主动性，更好地参与到市场竞争中。

传统媒体发展新媒体的投入方式主要有四种：

一是财政扶持。政府直接提供专项扶持资金用于项目启动，这种支持至关重要，对传统媒体在转型起步最烧钱、最艰难的阶段，对党报党刊以及其他公益性、非市场化的项目，是不可或缺的支持。但仍然需要项目本身具有造血和融资能力，否则难以持久。

二是国资投入。财政扶持资金加国企资金，或是取得银行资金支持。但国资在新媒体领域投资的投融资机制、人才机制、管理机制、考核分配机制等方面的实践还有待加强。投资看的是回报，对传媒行业来说这个回报应该是社会效益与经济效益的统一，社会效益优先，如何界定需要政策明确。

三是"国资控股＋多元出资"的混合投资模式。在一些垂直的内容领域探索以混合投资模式向社会资本开放。由于是国资控股，必须严格对标国资管理相关要求，与市场化的理念、规则对接难度较大，对投资风险的承受能力如运营团队的激励措施需要加以保障。

四是各方合作成立产业投资基金。以此充分发挥基金专业团队的优势，克服传统体制、机制、人才、技术上的障碍和壁垒，通过较少的投入撬动社会资本，扩大项目规模，实现较好的投资回报。对很多传统媒体来说，这是一种相对简便、可操作性的资本运作方式。

在日新月异的新媒体发展形势下，国有传媒集团也有强烈的投资新媒体的冲动。一些纸媒集团如上海报业集团、浙江日报报业集团等，开始涉足资本运作，通过产业基金形式积极投资新媒体行业。

经过数年实践，如今国有传媒集团的投资历程已经覆盖了大多数常规投资工具，包括多元企业、市场化基金以及上市公司等。下一步应从战略层面整合优质资源，重建投资布局，从产业链、资金链的最上游俯瞰资本市场和传媒行业，解决国有传媒在机制、人才储备等方面存在的障碍和壁垒。

小贴士 投资新媒体对国有资本来说就需要更多的资金、更灵活的政策空间，以及更高超的资本运作能力。

案例

上海报业集团的改制与投资之路

2014年8月，上海报业集团联合发起“八二五”新媒体产业基金，一期规模12亿元。两年中该基金投出项目近30个，总额约10亿元，预计年化收益率不低于30%。基于一期的顺利运作，上报集团继续联合各方发起“八二五”基金二期，管理规模20亿—25亿元。经过两年的运营管理，基金在市场上塑造了自身的品牌形象，旗下涌现了界面等一批明星项目。

与前述方式比较，产业基金有以下特点：

一是国资有机会将自身无形资产杠杆化，分享新媒体产业高速成长带来的收益。新的项目、新的机制，与报业的产业资本有效融合，产生化学反应。

上报集团在“八二五”基金一期出资3亿元，撬动社会资本约9亿元；二期出资3.3亿元，撬动社会资本约20亿元。经过“国有控股+多元出资+团队持股”的三轮资本运作，上报集团累计融资近5亿元，使这一模式初步得到市场的验证，不到两年时间实现资本增值15倍多。

二是能够较大程度发挥市场化专业化运作的优势。股权投资作为一种行之有效的市场化投资手段已有成熟的运作和管理方式，融、投、管、退各个环节专业化、市场化，通过内外部引资催生化学反应，让专业的人做专业的事，打造共赢生态圈。

三是能够有效平衡投资风险。传统国有传媒集团投资的项目一般是围绕自身战略，聚焦优势资源，打造几个现象级、标杆性的项目，但这样的机会不多，往往是可遇不可求，有时不得不降低要求以完成任务。而产业基金投资通常是撒网式的，通过分散化投资降低风险，允许试错、允许失败，符合互联网创业的规律要求。

经过一系列有效的资本运作，上报集团收获颇丰，率先向新型主流媒体集团转型，从一家以报刊为主的传统报业集团转变为拥有网站、客户端、微博、微信公众号、手机报等新媒体形态的媒体集团。旗下形成了新型媒体融合格局：以上观、文汇和新民邻声为标志的传统主流媒体的互联网主阵地，以澎湃、界面为标志的现象级互联网新媒体，以第六声、摩尔金融等为标志的互联网细分市场项目。

2018 年，上报集团总收入为 35.29 亿元，其中新媒体收入（版权内容服务、财经信息服务、第三方服务输出、信息流内容分发及交易、自媒体广告、整合营销服务等）占集团媒体主业收入近一半。澎湃新闻 APP 下载量达 1.46 亿，官方微博粉丝数 1572 万，日均阅读量高达 5571 万，成为国内颇具影响力的新媒体代表。

本章小结

资本是新媒体生存并发展的核心要素，媒体应当理性看待资本的作用，有效获得并利用资本。外界资本能给新媒体带来诸多效应。

境外资本自 20 世纪末开始进入我国新媒体市场，近年来腾讯、阿里巴巴和字节跳动等成为投资主角，刺激了国内传媒行业对资本的需求，丰富了投融资手段。

要从媒体行业的运行规律和市场未来趋势出发，审慎判断拟投资媒体的价值，以此确定决策策略。

资本进入新媒体领域对监管部门来说意味着不确定性和管理难度。国有资本投资新媒体需要以产业投资基金和母基金等手段分散风险。

引申思考

1. 很多人担忧外资控制境内媒体的消极后果，对此应如何看待？
2. 如何才能全面评估一家新媒体的市场价值？
3. 国资投资新媒体，应如何实施才能避免“外行指挥内行”？

第十三章

新媒体与媒体融合

无人喝彩：传统媒体的危机

在新中国成立后的很长一段时间内，政府是媒体事业的所有者和管理者，媒体在意识形态方面发挥着教育人民、宣传政策、引导舆论的作用。政府负责媒体事业所需的资金、宣传征集及舆论引导的指定和实施等。媒体是政府部门的“喉舌”和“宣传员”，这是由媒体的上层建筑属性决定的。

改革开放后，媒体开始走向商业化。从运行模式来看，媒体从单一的属性转为双重属性——事业性质，企业管理。政府财政支持大幅下降，大部分媒体走上了企业化经营、自负盈亏的道路。

为了争取更多的市场份额，提升自身品牌知名度，以广播、电视台、报纸、杂志为代表的传统媒体之间互相竞争，追求收听率、收视率、发行率等指标，以求在广告、收视和发行市场上获得更大的利益。

但是，媒体的上层建筑属性与商业属性在实践当中很难获得平衡。一方面，有些媒体过分注重商业化，盲目追求利润，一味追求受众注意力以获得广告商的青睐。在经济利益的驱动下，假新闻、有偿新闻、泛娱乐化的现象屡见不鲜。另一方面，传统媒体受制于上层建筑属性又不能完全放开手脚经营，仍需要承担一定的责任和义务，对报道的把握要考虑种种意识形态因素。有学者认为，中国的传统媒体其实具有机关、事业、企业三重属性，造成媒体改革的诸多困难。

互联网时代到来后，新媒体技术逐步进入传统媒体，传统媒体开始探索新媒体，取得了一定效果。最初的举措是报网融合，一些纸媒为了扩大社会影响力，开设网络板块、电子报纸等传播形式。

1995 年 10 月，国内出现第一家与网络融合的报纸——《中国贸易报》

网络版，是我国报网融合的肇端。而后，诸多传统媒体和各级党报都先后开办了自己的网络版，开始了数字化转型。《人民日报》网络版自1997年元旦正式开通，成为中国第一个新闻网站。

2006年3月，《南方周末》首先开辟了全国范围内读者短信互动平台，深受读者欢迎，调动了读者的积极性。此后随着微博的风靡，传统媒体纷纷将开通微博作为新的宣传媒介，以提升媒体影响力。

小贴士 随着互联网应用范围越来越广泛，传统媒体之间从最初的平台竞争上升到新媒体的资源竞争、战略竞争。

这时期的“报网融合”还属于Web 1.0时代，主要是将一些信息和内容简单地搬到网上，缺少和受众的交流。随着时间的推移，新媒体在国内的应用不断深入，也给传统媒体以更大的发展压力。

2008—2009年，国内舆情事件频发，奥运圣火传播、三鹿奶粉、新疆暴恐等事件中，传统媒体受各种因素所限，需要做出重大调整和变革才能有效应对各种挑战。面对网上各种西方意识形态、极端主义思潮、非法低俗内容的流传，急需正能量的媒体挺身而出，把舆论宣传阵地夺回来，把受众的注意力拉回来。

由于媒介特点和习惯做法，社会逐渐出现两个舆论场、两种话语体系。相比于把重心放在客户体验和客户争取上的新媒体，传统媒体在公众心目中的价值逐步下降。很多传统媒体就此成为“信息孤岛”，隔绝于社会主流之外，孤芳自赏，接不上地气。

这一时期，很多媒体依然仅仅将互联网看作一种新的内容分发渠道，尚未意识到整个传媒的生态已经发生了变化。新媒体和互联网不仅是信息传播的渠道，也渗透到媒体信息生产、加工、反馈和传播的各个环节。2012年起，新媒体来势汹涌，传统媒体业绩普遍出现大幅度下滑。传统媒体本来缺乏完善的退出机制，“只生不死”，但在大势面前也不得不进行精简。

得益于巨大数量的付费用户，广电媒体在经营和资本运作方面处境较好，转型方面的压力相对较小。2014 年年底，已经有 17 家广电系或以广电为主业的企业在 A 股上市直接融资，大部分募集资金用于网络整合，扩大公司用户规模。而纸媒处境则相对艰难，资本运作的实践也曲折一些。

2013 年 10 月，上海报业集团组建时旗下拥有子报刊 32 家，是全国拥有报刊数量最多的报业集团，到 2018 年只有 21 家报刊还在运营，停掉了 11 家。据预计，"一城一报"甚至"数城一报"将成为未来的必然。

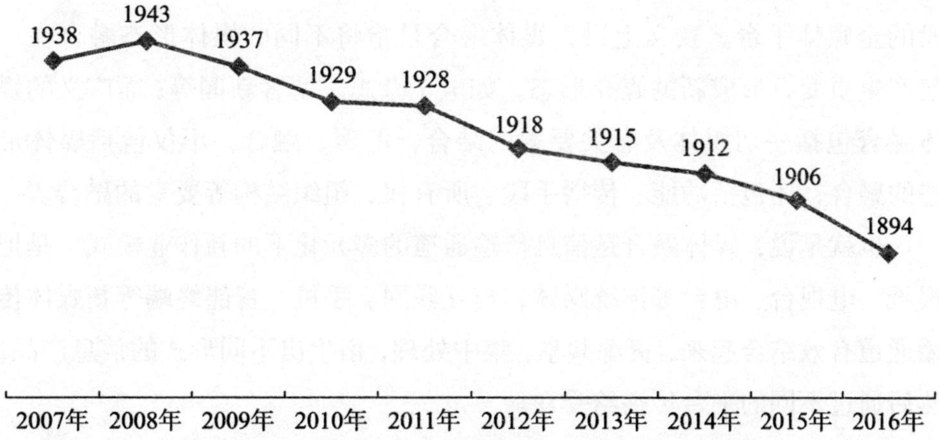

近十年全国出版报纸数量（种），原国家新闻出版广电总局官网

由于在内容的全面性和精准服务能力上有所欠缺，大部分传统媒体很难与用户形成良好的互动。传统媒体普遍缺乏对用户需求的洞察能力、素材快速整理挖掘的能力、用户精准服务的推送能力，以及报道后效果追踪和用户反馈机制。这些不足不是一朝形成的，但是如果不能尽快加以解决，那么倾覆就在一瞬之间。

传统媒体面临两大挑战：一是组织机构的转型，即能否在新的技术平台上将资讯生产继续发扬光大，有效连接用户，及时根据用户反馈调整内容生产以及媒体运营机制；二是传统媒体的从业者需要寻找新的生存之道，既要更新自己的工作技能以适应新媒体的需要，又要在媒体资讯生产方式上进行彻底的改变。在新媒体的压力下，媒体融合的观念开始深入人心。

什么是媒体融合？美国麻省理工学院教授普尔（Pool）在1983年提出“媒体融合”理论，认为历来泾渭分明的各种传播形态因为数字电子科技的发展，能够融合在一起，实现传播形态的聚合，呈现多功能一体化的趋势。

作为一个阶段性概念，媒体融合指的是传统媒体通过内容、技术、平台、渠道、体制、机制等方面的演变，转化成有效驾驭各类媒介技术手段的全媒体平台。狭义上讲，媒体融合是指将不同的媒体形态融合在一起产生质变，形成新的媒介形态，如电子杂志、博客新闻等；而广义的媒体融合包括一切媒体及有关要素的结合、汇聚、融合，不仅包括媒体形态的融合，还包括功能、传播手段、所有权、组织结构等要素的融合。

也就是说，媒体融合是信息传输通道的多元化下的新作业模式，是把报纸、电视台、电台等传统媒体，与互联网、手机、智能终端等新媒体传播通道有效结合起来，资源共享，集中处理，衍生出不同形式的信息产品，然后通过不同的平台传播给受众。

新媒体和传统媒体在本质上并不是完全对立的。新媒体拥有高科技手段，丰富的市场化运营经验和用户沟通技巧，而传统媒体拥有权威的信息资源、社会资源、广告资源。如果能把两者的优势结合起来，依靠资源整合形成统一的整体，实现基因置换、思维重塑，信息资讯的传播将不仅具有权威性、及时性，还包含众多高效、多变的传播平台和分众化的受众，媒体的发展将会迈上新的台阶。

研究者一致认为，媒体融合发展是传统媒体的转型方向，也是新媒体的发展机遇。这种融合不是简单地整合彼此的资源，更重要的是能够推动新媒体产品的有效研发，增强内容的传播力和市场的运营能力。

小贴士 面对转型，摆在传统媒体人面前的问题是如何尽快转型、投身到新的媒体中去，尽快适应媒体发展现状。

媒体融合只是一个阶段性概念，这个概念最终会消失，转而为全新的媒体概念所替代。但在此之前，传统媒体及其从业者将经历一段艰难的历程。

案例

报纸消失的预言

经过市场化改革，报纸的利润主要来自广告商的投资。但是随着报纸读者越来越少，影响力和普及率越来越低，广告商对便捷、普及、投放成本低的新媒体更加关注。这直接导致报纸的广告、发行量、销售量减少，阅读群体锐减，形成恶性循环。

2005年，京华时报社社长吴海民基于纸质传媒业绩的大幅度下滑，提出了“报业拐点论”，认为中国报业高速增长的时期已经结束，业内部分人士也认为中国报业未来将面临严重困境，“寒冬将至”。

就在同一年，美国菲利普·迈耶在《正在消失的报纸：拯救信息时代的新闻业》一书中预测到2015年，读者对报纸的信心趋势线将触到零点。到2043年第一季度末，日报的读者将归零。由此“2044年报纸将消失”的论调正式出现。

预言面前，大多数媒体人认为“报业寒冬论”杞人忧天，一笑了之。此后的几年中，得益于地产广告等业务的拉动，国内报业处境改善，广告经营额从2005年的256亿元增长到2011年的469.45亿元。虽然也能察觉外部环境的变化，但在多数从业人员看来，“温水煮青蛙”的日子也不错，似乎会一直持续下去。

2012年，中国报业广告出现断崖式下滑，发行量直线下降，一些报纸不得不关停并转型。也在这一年，新媒体加速发展，当年排名靠前的20个热点事件中，非官方网络媒体的话语权超过了官方媒体。

最直观的数字是广告经营收入的变化。2015年，传统媒体广告整体降幅超过7%，其中报业广告降幅超过35%。2016年，报业广告降幅达到

38.7%，很多知名企业事实上放弃了纸媒广告投入。

曾发出预言的《京华时报》的日子非常艰难，进行了很多转型探索，但成效甚微。2016年年末，《京华时报》经营难以为继，无奈宣布停刊。此外，在北京地区曾较有影响的《北京娱乐信报》《北京晨报》《法制晚报》等报纸也纷纷休刊。

据CTR媒介智讯数据，2017年中国报纸广告下降32.5%，市场整体规模不足150亿元。2018年上半年，报纸广告刊例收入比上年同期下滑了30.6%、广告面积下滑了33.8%，“坐滑梯”的形势依然严峻。

报纸会彻底消失吗？虽然互联网成为信息传播的主要渠道，但从西方到中国，仍有部分群体主张深度阅读，回归纸媒。这些人主要属于中产阶级和知识分子。以德国为例，三分之二的德国成年人仍有阅读报纸的习惯，纸质杂志的阅读覆盖率高达人口的90%。因此，报纸依然有一定的生命力，只是不再充当社会舆论场的主角。

求生求变：媒体的转型

2014年是中国媒体融合的分水岭，国家逻辑成为媒体融合的主导逻辑，中央对于媒体融合的指导性纲领成为媒体融合理论与实践的蓝图。

2014年8月，中央全面深化改革领导小组第四次会议审议通过了《关于推动传统媒体和新兴媒体融合发展的指导意见》，提出了媒体融合的规律、重点、基础和目标等，要通过建构具有核心竞争力的新型主流媒体（集团）和现代传播体系，来夯实舆论引导主阵地和意识形态主战场。

此后，媒体融合升级为国家战略，中央以及各省市主流媒体承担起践行这一国家战略指导思想的任务。人民日报中央厨房、新华社智能编辑中心、光明日报融媒体中心等部门引领组织再造与内容融合，助推媒体融合从“你就是你，我就是我”变为“你中有我，我中有你”的传播格局。

具体的发展方向是：第一，媒体融合与资源整合齐头并进。重点整合功能重复、内容同质、力量分散的媒体资源，优化配置，通过报网合一、台网融合，努力让所有资源流动起来，实现各种资源的互联互通。努力打造形态多样、手段先进、具有竞争力的新型主流媒体。

2018 年，国家广播电视总局成立媒体融合发展司，积极推进广播电视与新媒体、新技术、新业态融合发展。在外界看来，最吸引眼球的当数“三台合并”。2018 年 4 月，中央人民广播电台、中国国际广播电台、中央电视台（中国国际电视台）正式合并为中央广播电视总台，被视为广电媒体融合的重要举措。

中央广播电视总台组建后着力构建新的传播格局，聚合原三台传播资源和能力，以增强融合发展能力、原创产品创作能力、对外融合传播能力，努力打造国际一流的国家级现代传媒航母。

第二，发展存量与改造增量一体布局。打破束缚融合发展的旧有藩篱，在渠道、平台、经营、管理等各方面走向深度融合，从传统媒体与新媒体简单嫁接阶段，走向融为一体、合而为一，把媒体融合发展推向一个新的阶段。

第三，报道创新与流程创新同步推进。建立全媒体内容生产流程整体架构，实现新闻信息一次采集、多种生成、多元传播。加强后台技术支撑，强化数据库建设，实现生产要素的有效整合，以及信息内容、技术应用、平台终端、采编力量的共享融通。

第四，内容优势和技术支撑双轮驱动。必须始终保持对技术的敏感性与前瞻性，紧盯技术前沿，瞄准发展趋势，不断以新技术新应用促进新闻内容生产。

第五，推进产品创新与体制机制融合并行并重。必须通过制度改革，调整媒体机构设置，探索媒体组织重构，推动组织机构一体化、传播体系一体化，实现人员管理和营运的深度融合。同时积极发挥市场机制作用，努力建立可持续发展模式，为媒体融合发展注入源源不断的动力。

上述精神给出了媒体融合的路径和方向，不过媒体融合没有先例可循，具体做法还需要探索。在各方努力下，2014年以来，官方主导的传统媒体积极适应新媒体浪潮的发展变化，通过转型、融合等方式逐渐在新的舆论场站稳了脚跟，媒体公信力与话语权威性无可撼动，这是广大媒体工作者共同辛勤努力的结果。

2018年，国家推动县级融媒体战略，着力打通媒体融合的空间壁垒，试图解决媒体融合“最后一公里”问题。

2019年1月25日，中央政治局在人民日报社就全媒体时代和媒体融合发展进行集体学习，强调推动媒体融合发展，坚持一体化发展方向，一体化的全媒体建设成为媒体融合的升级版。这一系列举措为主流媒体利用新媒体技术加快创新融合指明了方向，也给了广大媒体人以鼓舞和动力。

习近平总书记在人民日报社举行的中央政治局集体学习中强调，全媒体不断发展，导致舆论生态、媒体格局、传播方式发生深刻变化，新闻舆论工作面临新的挑战。要因势而谋、应势而动、顺势而为，加快推动媒体融合发展，使主流媒体具有强大传播力、引导力、影响力、公信力，让正能量更强劲、主旋律更高昂。

2019年3月，习近平总书记在《求是》杂志发表重要文章《加快推动媒体融合发展　构建全媒体传播格局》，提出“四全”媒体建设，推动媒体融合向纵深发展。2020年6月30日，中央全面深化改革委员会第十四次会议审议通过了《关于加快推进媒体深度融合发展的指导意见》，针对媒体融合的国家核心战略提出了新的着力点、任务链和目标愿景。

案例

主流传统媒体的转型历程

1996年，央视网建立并试运行。

1997年，人民网、新华通讯社网站成立。

1998年，光明网成立。

2000年，新华社网站启用新域名；东方网开通；中国网全改版开通。

2001年，新华网独家直播“两会”，开网络媒体先河；南方网开通。

2002年，新华网按网络媒体特点改版。

2007年，人民日报手机报发行；环球网正式上线。

2008年，手机环球网开通。

2009年，光明日报手机报开通。

2010年，人民网微博上线，这是中央重点新闻网站推出的第一家微博；人民网、光明日报客户端上线。

2011年，环球网推出视频频道；中国网“图片中国”APP上线。

2012年，参考消息网站上线；新华网推出移动客户端；央视新闻推出官方微博。

2013年，央视新闻推出官方微信、手机客户端；参考消息开通微信号，提供微信订报服务。

2014年，澎湃新闻多平台全面上线；人民日报、参考消息、中国青年网客户端上线。

2015年6月，新华网组建国内媒体首支新闻无人机队。

2015年10月，人民日报上线语音搜索功能。

2015年10月，南方网客户端上线。

2015年12月，东方网新闻客户端“东方头条”上线。

2016年2月，央视网上线个性化推荐，央视新闻推出微视频产品。

2016年5月，新华网VR/AR频道正式上线。

2016年12月，澎湃新闻全球英文网站上线。

2017年1月，人民日报增设智能推荐功能，上线直播频道，推出首款AI机器人；澎湃新闻视频频道上线。

2017年2月，央视新闻移动网上线。

艰难探索：问题与挑战

作为前无古人的探索，媒体融合涉及多条媒体产业链的重整与组合，在实践中面临诸多挑战。

就目前来看，很多传统媒体为融合投入了大量人力、物力、财力，也有所收获，但比起新技术发展所提供的巨大空间，比起民营新媒体企业的活力，还是有差距。一些媒体领导满足于社会效益和上级表扬，而忽略经济效益和用户需求，有的新媒体项目做成之后就成了供上级参观视察的展台，实际效果存疑。

新媒体已经不是当年简单的“网上黑板报”，Web 2.0 后社交媒体的兴起，使双向传输成为用户主要的信息传播方式，这对媒体和受众的影响非常大。许多媒体对这样的改变还没有清醒的认识，有的心存侥幸地用“只要不掉队就行”的思维在尝试新媒体运行，以一项内部附加服务的观念来经营新媒体，自然难以保证效果。

小贴士 媒体融合是一项知易行难的工作，浅尝辄止无法收到成效，只有长期坚持投入才有可能见效。

传统媒体与新媒体、新技术的融合实践注定不会一帆风顺，需要跨越许多障碍。

一、融合层次低，形式单一

我国媒体目前总体上仍然实行“四级办”体制，客观上存在部门、层级利益的问题。在传统媒体机构里，基本上都是按“老带新”的格局来看待媒体融合，传统业务为主、新媒体业务为辅，这是一个利益格局的问题。

很多媒体对媒体融合的做法是，在原有的人员基础上新设一个新媒体部门做这项业务，这个部门也是以服务传统项目为主要业务，缺乏长远规划和定位。这种媒体变革是不完全的，它依然保留着传统媒体的主体部分并发挥主要作用。

无论是从在舆论场中所处的地位，还是从用户思维的养成来说，新媒体都应该占据更有利的位置，但实际情况是新媒体部门在体制、资源、生产流程、价值观念上都从属于传统媒体，在很大程度上只是主流媒体宣传自我、拓展市场、抢占新领域的工具。

以电视媒体为例，近年来地市台的主要收益来源还是有线网络，IPTV、互联网电视等新媒体业态常常被视作对主流业务的冲击而不被重视，直接影响到新媒体业务的发展。

旧的格局仍在，必然导致媒体融合存在单一性、层次低的状况。传统媒体与新媒体发展“两张皮”的现象较为普遍，媒体系统分工不清、内外资源分散、资源未真正整合是制约发展新媒体的一个共性困境。

小贴士　简单将传统媒体的内容复制到新媒体上无法满足受众的需求，也无法实现媒体融合。

二、投入不足，新媒体资源缺乏

投入少、人才少，是传统媒体向新媒体转型过程中的一个显著短板。新媒体产品开发成本高，更替速度快，投入巨资上马的产品，很快就有可能失去用户青睐。传统媒体斥资购买的产品和服务一旦失去用户，就会遭遇巨大的经济风险。

对大多数国内媒体来说，辛苦搭建起来的新媒体平台在进入深层发展时，都会面临技术和人才不足、后继乏力的困境。体制内的新媒体与体制外新媒体相比，在薪水、待遇方面存在着明显劣势。有的媒体甚至由技术负责人来统领新媒体工作，虽然开发出不少应用产品，却不知道市场和用户在哪里，不能有效转化为用户和影响力，达不到实际效果。

三、内容无差异，流程待整合

传统媒体向新媒体转型，必然会导致传统媒体自身的变革，引发内容生产、运作流程、管理模式的改变。

由于相关政策的限制，跨地区、跨媒体的新闻采访报道仍然没有全面放开，媒体融合后所需要的多媒体平台搭建难度较大。网络媒体没有采访报道权，纸媒没有更好的传播渠道，广电机构没有增长空间，这些基础条件的不足难以促进内容生产的整合。

传统媒体业务的生产模式往往是单向性的，技术手段也相对简单，而媒体融合后的新闻则是多项互动的模式，技术结构相对复杂，表达方式、报道内容、宣传策略都不同。不同生产模式整合不当的话会直接影响媒体融合进程。一些仓促上马的新媒体不仅没有帮助传统媒体借势腾飞，反而在一定程度上加大了生产成本，使内容生产的流程更加复杂。

在很多传统媒体里，新成立的新媒体的信息源自母媒体，新媒体编辑从母媒体节目中选择媒介属性、传播方式和受众群体适用于新媒体的内容，稍做编辑后即在新媒体平台上传播。然而，传统媒体的内容定位、传播内容、语言风格均与新媒体不同，如果简单地萧规曹随，做出的新媒体内容与传统媒体并无大的区别，受众会觉得这只是又一个“电子版”，从而失去兴趣。

媒体融合对新闻生产最大的要求是打破单一媒体的限制，在跨媒体平台上整合不同媒介的新闻。

小贴士 新的业务流程要求媒介集团的内部管理结构和体制发生质的改变，这样才能适应融合新闻生产的需求。

四、运营乏力，影响力不佳

近年来，很多主流媒体已完成新媒体的平台搭建，并实现了产业运营，但建设还没有跟上媒体融合发展的潮流，特别是在今日头条、微博、爱奇艺等新媒体的冲击下，传统媒体所创办的新媒体影响力尚未彰显出来。

一般而言，融媒体的传统业务部分拥有完善的管理制度、庞大的采编团队、丰富的社会资源；而新媒体部分普遍先天不足，具有实验性，没有法定采访权，不具备专业的采访团队，缺乏盈利能力，主要还是靠母体的输血补给。这使得新媒体部门的话语权较弱，更难获得与发展需求相适应的资源配置。

放眼未来，新媒体无论是信息传播还是利润贡献，发挥的作用和价值必然会越来越大。如何把成长中的新媒体业务做大做强，使之带动和反哺传统业务，是媒体融合成败的重要指标，也是摆在诸多传统媒体面前的重要课题。

2015 年后，媒体行业经历的转换更加剧烈。新媒体的市场竞争格局还没有定型，技术驱动的媒体形态层出不穷。人工智能、大数据、云计算等技术快速发展，形成了似媒体又非媒体的产业，它既为新媒体注入了全新的技术动力，又使得形势演变更为复杂。对于媒体经营和管理者来说，一方面要积极应对这种变化，一方面也要放眼长远，对未来趋势进行预判，找到应对挑战的正确路径。

小贴士　媒体融合是一件前无古人的事，不要期待有固定的模式可模仿，有现成的道路可遵循，创新永远在路上。

案例

人民日报的媒体融合

《人民日报》创刊于 1948 年，作为中国共产党中央委员会机关报，肩负着宣传党的理论和路线方针、政策及中央重大决策部署的重要职责。《人民日报》近年来非常重视新媒体建设，不断拓展新媒体领域。

现在，《人民日报》已经不仅仅是一张报纸，而是集报纸、网站、网络电视、网络广播、手机报、微博、微信、移动客户端等多个类别、数百个终端载体于一体的新型主流媒体集团。《人民日报》的微信和微博已经成为互联网尤其是移动互联网平台上具有重要影响力的媒体。2015年10月，人民日报社成立新媒体中心，以进一步完善新媒体发展格局，形成以人民日报客户端为核心的移动传播新格局。

《人民日报》过去一直扮演着官方舆论输出平台的角色，给人的印象是严肃庄重。《人民日报》的新媒体则采取相对亲民和幽默的方式进行舆论传播，语言风格有了很大转变。2014年北京APEC会议期间，《人民日报》的微信公众号推出了《有一种爱叫习大大和彭麻麻》，在微信朋友圈中广泛流传。2017年建军节的"军装照"火爆程度更是出人意料。

新媒体的受众偏好幽默、生动的语言风格。《人民日报》抓住了这一特点，打破了人们对官方媒体的刻板印象，形成了理想的传播效果。

《人民日报》是党和国家重要的宣传平台，旗下的新媒体编辑团队也必须具备一定的政治素养，同时需要有创新思维和传播的专业能力，要求不可谓不高。《人民日报》通过整合内部人才资源，在机制上突破传统形式，鼓励新媒体运营团队大胆创新，已成为同类企业的翘楚。

深度融合：变革的必然

传统媒体与新媒体融合不仅仅是技术、内容、渠道的融合，还包括体制、资本、市场的融合。离开体制、资本、市场的媒体融合必然导致油水分离。

在体制融合方面，传统媒体如果想在技术变革的新媒体时代有所作为，必须进行内部结构调整，将不符合时代潮流、不能满足广大受众需求、不能供给创新创意内容的组织架构进行优化和调整。比如，分别成立面向用户和作者的创作服务中心、创意服务中心等，以适应环境变化。

对于传统媒体来说，与资金和人才缺乏相比，机制的改变其实更难，而机制的改变又必须从人的观念的改变开始。

我国的媒体大多具有意识形态属性，一些媒体高层的职务变动与其经营业绩没有必然联系，导致一些管理层成员在进行融合时更多地表现出一种姿态，而非实际行动。如何改变管理层的思维方式至关重要，值得有关方面认真研究。

在资本融合方面，发展新媒体需要的资金较大、风险较高，不仅有探索和学习的成本，还要投入人力、物力和财力等资源进行试错，需要一定的外部资金及政策扶持。就国内多数情况来看，政策支持力度不足是制约传统媒体转型融合的重要因素。

2014 年，《关于推动传统媒体和新兴媒体融合发展的指导意见》正式出台，此后中央财政下拨地方文化体育与传媒事业发展专项基金 23.6 亿元；2016 年又下发文化产业发展专项资金 44.2 亿元，其中 28.6 亿元投入重大项目，聚焦媒体融合等八个方面，推动媒体融合改革。

新媒体的国内行业壁垒已经建立，市场竞争激烈，传统媒体面临着来自体制束缚和外部市场竞争的压力。而体制外的新媒体凭借开放的资本和灵活的机制，不仅在硬件和形态研发上不断出新，还开始从传统媒体引入版权和制作团队，实现跨越发展。

为此，传统媒体必须进行体制创新，要从宏观上给予更深层次的政策松绑，按市场规律推动国有新媒体企业的股份制改造，建立市场化的激励制度，使其摆脱在市场竞争中的羁绊。

近年来，国家高度重视文化传媒领域的国企改革，国务院颁布多项政策加速推进文化类国有企业走向市场，发展的原则是社会效益为首、社会效益与经济效益相统一，包括文化传媒企业在内的国企改革步入深水区。

2015 年 9 月，国务院颁布《关于深化国有企业改革的指导意见》，提出推动大型国有企业公司制、股份制改革，大力发展混合所有制经济。推进国有经济战略性调整和国有企业并购重组，着力培育一批具有国际竞争力的大企业，完善各类国有资产监督管理制度。

在媒体融合中，可通过电商、广告、增值服务等多元化商业模式和多产业发展拓宽盈利渠道，获取媒体商业品牌价值。在资本方面，可以进军资本市场，通过上市、收购等方式引入资本。

《人民日报》等中央级新闻媒体积极探索媒体融合发展，呈现出以下特点：

第一，尝试打造聚合式内容平台发展模式，构建兼具主流价值与创新活力的新媒体内容生态。如人民日报上线的“人民号”平台已吸引数千家党政机关、高校、自媒体和名人入驻。

第二，提升内容创作水平。以内容生产为主线重组内部新闻生产流程，广泛运用新型新闻采编、内容展示技术，积极与外部进行资源共享、协同策划制作优质内容。

第三，拓宽新闻传播渠道。在壮大自身产品矩阵的同时，积极借助商业媒体渠道，拓宽新闻内容出口。

目前国有媒体对非国有新媒体的收购案例还较少，但可以想见，一旦政策松动，这一幕必然出现。资本收购是媒体融合的重要内容，亟待出现先行者。当然，媒体企业的整合不只是简单的1+1，需要的是不同的企业管理平台、人力资源架构、市场运营、企业文化与价值观的彼此适应和融会贯通。

在市场融合方面，传统媒体生产出优质内容后，要树立经营用户的理念，学会销售和市场推广，努力探索更多的盈利途径。

用户是媒体安身立命的根本，要围绕用户展开创新服务，通过新媒体平台来聚拢人气。媒体决不能仅仅停留在为用户提供新闻产品的初级阶段，要努力拓宽服务内容和深度，满足用户的需求。

如前文所述，很多传统媒体“自产自销”效果并不尽如人意，而今日头条、一点资讯、ZAKER 等新闻资讯平台却坐拥移动互联网传播渠道的半壁江山。在这种情况下，深圳晚报、广东卫视等传统媒体与这些平台合作，优势互补，实现双赢，不失为一种明智之举。

传统媒体如果能与新媒体充分融合，畅通传播渠道，再将电子商务、物流系统、各种新媒体技术全面接入，就会成为一个全新的“媒体—产业”平台，不仅生产和分享内容，也让产业化成为可能。为此，媒体在盈利模式上也要做相应优化，可增加面向受众的增值服务，满足受众的个性化需求。另可进行受众数据收集，提供数据增值、受众深度培训、商业咨询、创新创意资源开发等服务，逐步做大、做强。

如何有效利用新媒体平台是传统媒体必须考虑的问题，因此就要在内容生产的表达方式、流程、管理、宣传策略等方面进行改革，打造出一条与新媒体相匹配的发展之路。传统媒体唯有紧跟时代步伐，才能继续保持在公众心目中的良好形象，发挥出应有的公信力和权威性。

内容不仅是传统媒体的竞争力所在，也是媒体融合取得成功的核心所在。对受众来说，媒介载体的形式或许无关紧要，真正高质量的新闻内容才是受众不变的追求。传统媒体可以充分利用长久积淀下来的权威性、公信力、采编资源，通过完善的信息采编系统生产出更多优质原创内容，并有效传送给受众。

媒体要坚持“内容为王”。迎接媒体变革、实现媒体融合、保持媒体竞争力，就必须注重原创，打造精品，在优化稿件质量和贴近受众需求上做文章、下功夫。

小贴士　根据媒体平台的特点和定位进行内容制作，推出有思想、有深度、有温度的内容，永远是媒体工作的核心。

新媒体时代，人们已经不再单纯地满足于获取新闻事件本身，还希望了解事件背后的故事，即所谓的“集成报道”。传统媒体应借助多年来形成的权威性和影响力，发挥专业采编人员对新闻事件的把握能力，提供完整的事件还原和原因分析，对新闻事件进行详细、权威、多角度的解读，使受众借助媒体视角了解更多真相和相关信息。

新媒体时代的受众不缺乏信息，他们缺乏的是"准确"的信息。以突发事件为例，新媒体往往到达率高、速度快，成为突发事件传播的生力军。为了争夺用户，一些机构不核实真假就将信息传播出去，或者有意散播官方媒体不能报道的内容，利用传统媒体的短处来做文章。

对此该如何应对？关键是扬长避短，不一味求快，利用资源优势，制作出权威、独到、深度的内容。在突发新闻事件发生后做出全面报道，引导受众独立思考，这是媒体一直以来的职责所在，在新媒体环境下一样要继续坚持下去。

2015年6月1日晚，重庆东方轮船公司的"东方之星"号客轮在长江中游湖北监利段翻沉，导致442人遇难。事件造成了极坏的影响。

中央电视台湖北记者站采集新闻之后，通过央视新闻微博在6月2日凌晨发布了快讯，这是第一条关于这次事故的报道。此后央视新闻微博在向网友及时更新公布事件相关情况的同时，还为关注事件的网友提供了发声平台，与网民及时互动，营造了良好的沟通氛围。

作为权威媒体的央视独家报道事件最新进展，对事故原因、现场救援、国家领导人举措等信息进行了及时报道。在节目播出中始终以滚动字幕方式在屏幕下方实时更新消息，并利用卫星直播系统实现了9天24小时不间断的全程直播。媒体的全程覆盖让事件有关重要消息无一遗漏，让党和国家的形象在人民心中获得了提升，正面引导了社会舆论。

按照媒体职责，在对突发事件进行报道时应严格遵循信息流通的规律，进行舆论疏导，避免造成恶劣影响。如何在突发事件传播的准度与速度之间找到平衡？这里就涉及流程再造的问题。传统媒体对稿件字斟句酌、对新闻事实反复求证、对音质和画面严格要求、对内容质量问题严肃处理，如此一来必然会拉长生产周期，难免消磨一线人员的热情，产生"少做少错、不做不错"的情绪。

谨慎小心怕出错，是媒体人共同的"职业病"，因为新闻事件的演变往往难以预计，事实真相不能提前审核。因此，有关方面在流程再造方面有必要加强探索，建立符合数字传播技术、文化和规律的新流程，尽量压缩反应时间，提高效率。5G 等新技术可以让媒体人实现在移动状态下瞬间发文字、图片及短视频，这将是媒体应对突发事件的得力工具。

随着媒体融合的升级，为加强内容生产与合作，首席内容官（CCO）的职务开始出现。首席内容官一职首先出现在视频网站，主要负责制定公司的内容策略，进行内容营销，全面负责内容的合作、建设、监控、投资等工作，大众较熟悉的首席内容官有马东、朱向阳、刘建宏、何炅等。

首席内容官的登场，标志着新媒体的内容生产不再是总编辑的一言堂，而是内容、产品和技术三分话语权的局面。内容部门负责具体生产，产品部门决定了市场定位和运营模式，而技术部门用算法和数据确定内容如何抵达用户，三方共同对最终的内容品质负责。在这个全新的架构中，首席内容官必须对内容品质把关，具备市场思维，具有和技术部门沟通对话的能力，工作难度和性质与传统意义上的总编辑完全不同。

如今任何一家媒体都无法关起门来运作，必须用平台的开放思维规划、生产、购买、投资更多的优质内容，这种运营的广度和深度大大超越了简单的内容生产，已经上升到内容生态建设的高度。首席内容官就是这个生态系统的总设计师和总工程师，需要具备宽阔的视野和胸怀，对优质内容保持更敏锐的嗅觉，并能熟练地运用技术和商业工具，持续优化内容生态。

小贴士　首席内容官的出现将引起媒体架构与流程的颠覆性变革，需要加以认真对待。

案例

“澎湃”与上海报业的融合之路

2015 年，由解放日报报业集团和文汇新民联合报业集团整合重组后的上海报业集团为了推动传统媒体与新媒体融合，制定了基于平台化建设的总体新媒体发展战略，包括改造老平台，升级三大报社原有网站，与百度等成熟平台合作，布局移动互联网传播渠道，设立“新媒体中心”，进行资产运作等。

在此次布局中，关停了一大批报刊，将优势资源集中配置到了三大“现象级”的新媒体平台即上海观察、澎湃新闻和界面，拟将其打造成为“平台级”的互联网产品，以实现集团整体向“互联网+”转型。

澎湃新闻于2014年7月22日上线，是上海报业集团改革后公布的第一个成果。澎湃新闻的口号是“专注时政与思想的互联网平台”，生产并聚合中文互联网世界中优质的时政思想类内容。澎湃新闻结合互联网技术与新闻价值传承，致力于新闻追问与跟踪功能的实践，建立了网页、Wap、APP客户端等一系列新媒体平台。

上海报业希望借“澎湃”等项目实现多个维度的突破。首先是模式上要成为“中国第一个新闻问答产品”，通过与读者的互动分辨真相和谣言，并将核实结果实时更新。其次是资本结构上的突破，“澎湃”项目的初期投资达3亿多元，一部分来自政府，一部分来自财团。此外，“澎湃”的核心成员还实现了项目持股，这在其他媒体中并不多见。

在上海报业集团的布局中，“澎湃”等新媒体平台起到的作用就是汇聚用户资源，发挥自身社会资源丰富、信息流汇聚、公信力强等核心优势，在纸媒之外形成垂直产业，把服务卖给读者，把读者变成客户，最终建成一座可持续开发的金矿。

砥砺前行：媒体与人才

传媒行业属于人力资源密集行业，人才是媒体行业的核心竞争力，媒体融合发展的前提是从业者具备融合发展理念和新媒体思维。新媒体既要重视先进技术的驱动，更要重视优秀人才的支撑，使技术和人才联动共生，在运行中持续深化，使新媒体获得持续发展。

在过去相当长的时期内，媒体人的社会地位和收入都较为可观，令人羡慕，这是媒体能够吸引大量优秀人才的主因之一。进入新媒体时代后，传统媒体人的光环逝去，加上体制所限，个体具有的创造力、创新能力不能被充分激发，一些知名媒体人或是跳槽新媒体，或是独立做自媒体，但更多的人选择了坚守，通过创办微博、微信公众号开拓新渠道，努力提升内容质量，强化读者黏性等方式砥砺前行，以求在新的形势下寻得一席之地。

媒体的转型融合是一场涉及面广、影响深远的改革，与每家媒体、每个媒体人都息息相关。如今街上的路人都会用手机拍摄新闻然后发到自媒体上，专业媒体人何以立足？只有抢在时间的前面完成自救，设定绩效标准、明确上升通道等人事改革措施势在必行，需要尽快完善新的媒体人才培养与管理机制。

小贴士　传统媒体正处在转型期，媒体人不可能永远是时代的宠儿，想要重拾辉煌就需要付出巨大的努力和代价。

在整个媒体系统中，媒体管理者主导着发展大局，其个人的素质高低一定程度上决定着一家媒体的发展水平。管理者在制订媒体发展计划和策略时，必须考虑新媒体自身的技术和传播规律。因此，媒体管理者首先要提高自身的新媒体素养，把握新媒体发展变化的规律，否则难以制定出完善的媒体发展战略和计划。

提高媒体管理者的素质，要从思想政治和业务两个层面来进行。思想政治素质在媒体管理中占有重要位置，媒体管理者是否具备坚定的政治立场、是否能正确引导舆论，关乎媒体发展的命运。尤其对党报党刊来说，更需要媒体管理者具备过硬的思想政治素质。

媒体管理者的业务素质包括对新媒体发展状况的了解，对信息传播规律的掌握，以及人力资源管理和行政管理水平等。面对变化的形势，媒体管理者应当积极主动采取有力措施化解问题，在承担责任的过程中主动出击，寻求解决问题的方法和途径。为此不仅要转变领导层对于媒体融合的态度，也要调动员工的积极性，使其热情参与到媒体的改革进程中。

小贴士 媒体改革越来越依靠新媒体的技术和平台优势，需要媒体管理者具备很高的新媒体素质。

在用人体制机制方面，要合理设定绩效标准，明确利益分配与上升通道，逐渐完善新媒体人才培养与管理体系。

在融合的形势下，传统媒体开始注重提高采编人员使用新媒体的水平和能力，提出培养一专多能的复合型媒体人才，不但要完成好传统媒体的报道任务，还要兼顾从网络终端将信息上传至新媒体即时发布的工作。在传统媒体时代，信息依靠“大块头”文章进行传播，如今许多信息只靠短篇幅或标题来吸引受众，这就要求从业人员转换思维，具备过硬的文字功底和概括能力。

“全媒体记者”的概念近年来受到重视。有观点认为全媒体记者应该掌握全部的新闻采编技能，能采又能编，能拍又能写，会使用各种采访设备，熟悉各种报道形式，甚至拍照摄像后期处理都可以一并承担。实际上这是一个极高的要求，普通人很难做到所有技能样样精通。

媒体融合要求新闻一次采集、多媒体发布、共享资源、节约成本，但由此把所有的内容成本控制落到一线记者头上也不现实。特别是深度、重大报道还是需要“术业有专攻”，让记者心无旁骛地专注于内容本身可能效果更好。

“全媒体”指的是“全媒体思维”，用全媒体的思维方式来满足受众在新媒体环境下对新闻的需求。所有的媒体人，无论是管理者、一线记者、编辑人员还是技术人员都应该具备全媒体思维，只有每个人都打破传统观念，以全媒体思维进行团队合作、跨行业协作，才能保证机构整体运行顺畅，将新媒体的优势充分发挥出来。

“全能记者”难寻，“网红记者”可以有。一些主流媒体鉴于网络平台上网红良莠不齐，正确的价值观得不到充分传递，于是开始有针对性地培养“主流网红”，体现了媒体的社会责任感和使命感，对强化媒体的传播力乃至巩固和发展主流舆论阵地，具有重要的现实意义。多数媒体希望记者在社交媒体上从专业领域出发塑造个人品牌，从而加强媒体的品牌影响力。

2017年，南方报业传媒集团启动“南方名记培育工程”，两次共推出40位颜值高、有气质、专业素养强的“主流网红”，均为其旗下的名记者，他们推出的脱口秀节目《武松来了》，点击量突破1亿，还推出一批单篇阅读量“100万+”的高质量融媒体作品，收到了很好的效果。

媒体融合给新闻传播带来的最大影响之一就是新闻编辑流程的改变，对媒体编辑的工作能力提出更高的要求。传统编辑作为“把关人”，主要对记者撰写的新闻作品进行修改、审查，很少参与作品的原创。而如今，记者在前方专注于获取信息，编辑在后方进行策划、组织报道、整理素材、深入思考，编写制作出有深度的新闻，简言之，编辑要出思路、出作品、把好关。

首先，融媒记者需要提高以下三种核心能力：

一是新闻捕捉能力。在融媒时代，新闻信息的传播被加速了数倍，一条新闻从发布到被讨论可能只要短短几分钟，这就需要融媒记者有敏锐的新闻捕捉能力和鉴别能力，能够在纷杂的信息中抓取值得挖掘的新闻热点，为后续进一步的采访调查奠定基础。

二是新闻创新能力。融媒时代新闻的发布不再仅仅局限于传统的纸媒传播模式，这就要求融媒记者具有新闻融合概念和新闻创新能力，结合多种媒体平台的传播特性进行融合式、创新式的报道。

三是新闻沟通能力。在融媒时代，记者的采访不再像过去那样执着于面对面采访，而是需要合理、高效地利用互联网进行采访，以此来适应当下新闻快节奏的特点。不同于面对面的交谈，语音和视频采访更加考验记者的沟通能力和理解能力，因此提高记者的新闻沟通能力极为重要。

其次，融媒记者需要着重培养和掌握融媒专业技能：

一是需要保持过硬的新闻采写编能力。虽然融媒时代记者的工作环境有所变化，但新闻的本质是不会改变的，因此传统的采写编技能依旧重要。

二是新型的拍摄、剪辑、制图、发布等综合专业能力需要重视和提高。作为融媒时代的“全能记者”，分工的界限越来越模糊，在新闻现场往往需要一个人完成多项工作才能达到市场要求的时效，因此综合的专业技能不可忽视。

三是需要加强对融媒平台的使用能力。随着技术的更新换代日益加快，也许今天我们还在使用手机、电脑进行报道，明天虚拟现实报道就会扑面而来。不断提高核心能力、培养专业技能，才是融媒记者的“生存之道”。

编辑需要具有信息筛选与掌控的能力，这种能力比以往的要求更为严格。融媒编辑所面对的内容既有专业记者提供的稿件，也有受众提供的信息，以及在各种新媒体平台和网络收集到的信息。在庞杂的信息中不但要淘沙成金，还要参与新闻消息的再制作和补充。

不同于以往文字编辑、电视编辑、网络编辑的明确分工，媒体融合需要熟悉各种媒介、能将半成品做成各种成品的全能型“大编”。

新媒体环境对媒体人提出了更高要求，不仅在业务上要做到采、编、播一体，更要求具有产品研发的视角和思维，在每条新闻和每个专题的策划之初就把用户的互动、体验考虑在其中，使新闻产品在每个环节上都能新媒体化。

既懂新闻业务，又具有敏锐的新媒体思维的新闻工作者是未来一段时间内新闻媒体成败的关键，而转型为集多种身份于一身的“全能人”并不是短时间内能实现的，每个媒体人都应做出积极的对策，不断学习新的知识，尽快适应新媒体运营管理的要求。

小贴士 在多重挑战面前，那些把工作仅仅当作谋生手段，以完成眼前任务为目标的人将逐渐被淘汰出媒体舞台。

对体制内媒体来说，只有破解“留住人”这个痛点，才能从根本上解决融合向深处去的动力问题。

媒体应当创新选人用人机制，挖掘人力资源，引进有经验的技术人才、资本运作人才，培养会管理、懂经营、擅采编的复合型人才，为媒体转型升级提供人力资源保障。重点是做好存量人力资源的开发利用，如推广股权激励或者合伙人模式，将管理和业务骨干与媒体紧密联系在一起，使核心人员有股东意识，有红利分配，有助于发挥核心人员的主观能动性。

2017 年 5 月，中央全面深化改革领导小组审议通过《关于深化中央主要新闻单位采编播管岗位人事管理制度改革的试行意见》，要求既充分发挥事业体制凝聚人才的重要作用，又善于运用灵活用人机制激发新闻舆论工作队伍活力，探索新形势下吸引使用人才、评价激励人才、培养管理人才的有效措施，增强新闻舆论工作队伍的事业心、归属感、忠诚度，为新闻事业长远健康发展提供坚实有力的人才保障。

主流媒体改革的目的，是希望进一步提升团队的归属感和创造力，打造自己的新媒体人才队伍。同时，也希望形成可复制、可推广的制度经验。

案例

不搞股权激励的激励措施

企业采取股权激励计划，主要目的是激励员工，加强核心团队与企业的联系，留住人才。全球营收前 500 位的大型企业几乎全部实行了股权激励机制。

鉴于国资和意识形态属性，目前媒体实施股权激励面临的体制机制阻碍较多，需要进行周密的布置论证，目前仅有屈指可数的国有传媒上市公司进行过股权激励试点。比如，2014 年百视通公司推出了首期股权激励计划，成为国有新媒体企业股权激励的第一步，被视为文化传媒国企改革的大胆尝试。

在薪酬改革上，市场化媒体可以给出期权或高额年终奖激励人才，那么传统媒体能给人才什么？如何激励人才？许多媒体都在积极探索，试图走出一条不搞股权激励而依然能留住人才的路子。

澎湃新闻采取了不搞股权激励的“当期现金 + 延期支付”模式，方案的核心要点包括三方面：

高层管理人员薪酬结构设为“年薪 + 任期激励”，年薪又由“基本薪酬 + 目标奖励”构成。基本薪酬为平时每月固定收入，目标奖励需经年度考核，完成目标任务方可获得，超额完成还可获得奖励。“任期激励”是在整个任期结束后，根据任期目标任务的完成情况，有前提、有条件发放的延期支付薪酬。

对采编、技术、经营、职能四大主体岗位分别制定职级体系和考核晋升通道，每个级别的职位均对应不同的薪酬标准和考核标准，以岗定级、以级定薪，在薪酬结构和标准上体现不同岗位、不同级别、不同贡献度之间的差异。

在采编人员薪酬激励体系中，融入采编专业职务序列改革，普通记者编辑既可上升为业务管理干部，也可留在一线竞聘首席成为专业精英。无论是管理序列还是专业序列，都形成金字塔梯度，各层级之间可上可下，根据稿件总量、质量、点击量等量化指标和工作配合度、协调领导能力等综合考评进行动态调整。

2019 年 4 月，国务院印发《改革国有资本授权经营体制方案》，支持国资所出资企业依法合规开展股权激励，受到外界关注，也为媒体改革及实施股权激励提供了新的动力。

本章小结

传统媒体应深入了解新媒体的发展规律，以新思维管理和运营新媒体，深入分析自身状况及竞争优势。

传统媒体与新媒体的融合重点在于体制、资本、市场的融合，为此应在内容、广告、技术、人员等方面实事求是，做好相应工作。

促进新媒体发展的关键是深度整合资源，以优秀媒体及新媒体为中心，建立传媒联盟。未来媒体融合工作的重点将是战略规划、运营模式、人才机制、效果评价等方面。

引申思考

1. 有人认为传统媒体不必费心搞融合，直接被有实力的新媒体收购就行了，对此你怎么看？

2. 你对传统媒体搞融合的具体举措有何看法？传统媒体的核心竞争力何在？

3. 如何做好融合后的市场开发？如何有效激励“什么活都能干”的优秀媒体一线工作者？

参考文献

尼葛洛庞帝,《数字化生存》，海南出版社，1997 年。

彭兰,《中国网络媒体的第一个十年》，清华大学出版社，2005 年。

《中国传媒经济发展报告（2018）》，社会科学文献出版社，2018 年。

《新媒体蓝皮书：中国新媒体发展报告 No.9（2019）》，社会科学文献出版社，2019 年。

中国互联网络信息中心,《第 45 次中国互联网络发展状况统计报告》，2020 年 3 月。

彭兰,《"新媒体" 概念界定的三条线索》,《新闻与传播研究》，2016 年 3 月。